Ligurien

Italienische Riviera][Cinque Terre

H0187467

Die Autoren
Wolftraud de Concini
studierte Kunstgeschichte, Roma-
nistik und Sprachwissenschaft.
Seit vielen Jahren lebt sie als freie
Text- und Buchautorin mit Schwer-
punkt Kultur und Reisen in Italien
und Frankreich im Trentino
(Italien).

Eva Ambros
führt als langjährige Studienreise-
leiterin kompetent Reisegruppen zu
den interessantesten Plätzen vor
allem in ihrem Spezialgebiet Nord-
und Mittelitalien. Ihre besondere
Liebe gilt Ligurien und der italienischen Riviera, wo sie viele Jahre
lang gelebt hat.

Reiseplanung

Land und Leute

Unterwegs in Ligurien

Genua und die Riviera di Levante ....

Die ligurische Hauptstadt besitzt einen unschätzbaren Reichtum an Museen, Kunstschätzen und Palästen, die wie die Orte in der Umgebung entdeckt werden wollen. Östlich von Genua erstreckt sich die Riviera di Levante, Liguriens felsige Bilderbuchküste mit so malerischen Orten wie Portofino und Rapallo.

Cinque Terre und der Golf von La Spezia ....

Adlerhorsten gleich kleben die fünf Dörfer der Cinque Terre an den terrassierten Hängen der Steilküste. Die natürliche Schönheit der zum UNESCO-Weltkulturerbe gehörenden Landschaft hat sie zu einem beliebten Wandergebiet gemacht. Nicht so berühmt, aber ebenfalls reizvoll sind die Örtchen rund um den Golf von La Spezia.

Die Palmenriviera

Feine Sandstrände und von Palmen gesäumte Uferpromenaden sind das Markenzeichen der Palmenriviera, westlich von Genua zwischen Varazze und Cervo. Das ligurische Bergland belohnt Ausflüge mit reicher Natur und herrlichen Ausblicken.

Die Blumenriviera und die Ligurischen Alpen

Bei Imperia beginnt die Blumenriviera mit ihren noblen Seebädern. Die milden Temperaturen bescheren ihr ganzjährige Blütenpracht. In den nahen Ligurischen Alpen genießt man ursprüngliche Dörfer, Natur- und Gaumenfreuden.

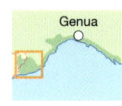

Karten

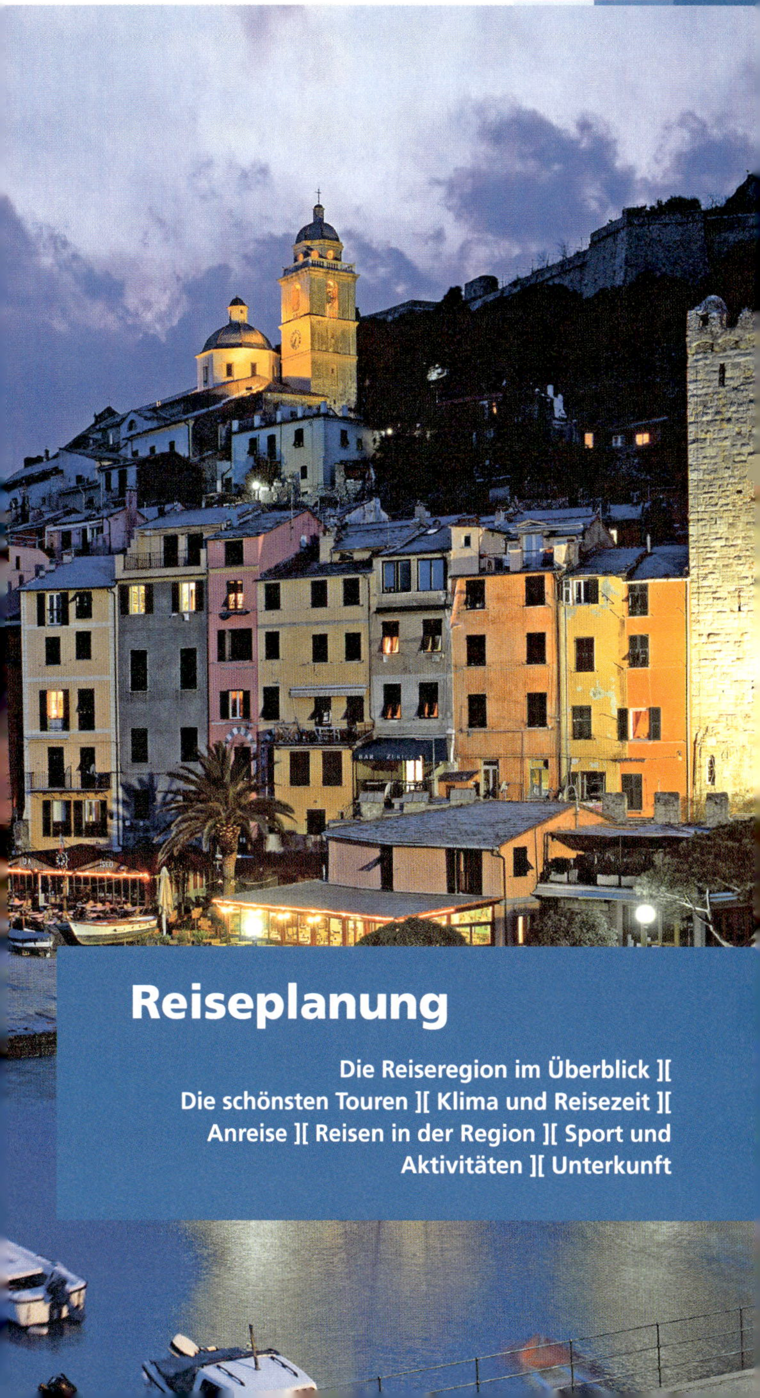

Reiseplanung

Die Reiseregion im Überblick][Die schönsten Touren][Klima und Reisezeit][Anreise][Reisen in der Region][Sport und Aktivitäten][Unterkunft

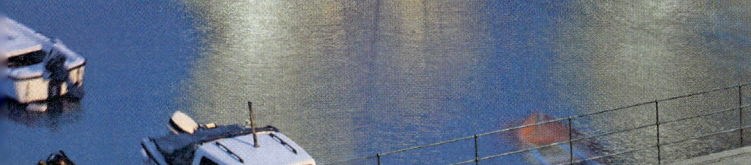

Die Reiseregion im Überblick

Ligurien hat zwei Gesichter: Mare e Monti, Meer und Berge. Wie Perlen auf einer Kette reihen sich malerische Städte und Seebäder an der Mittelmeerküste von Ventimiglia im Westen bis zu den Cinque Terre und dem Golf von La Spezia im Osten aneinander. Die Region Ligurien – das ist ein schmaler Landstreifen zwischen dem tiefblauem Meer der Riviera-Küste und bis zu 2200 m hohen Bergen im bergigen Hinterland, eine Landschaft voller Kontraste. Wie ein großer Regenbogen schmiegt sich das Land auf einer Länge von rund 300 km um das Mittelmeer. Liguriens Hauptstadt **Genua** teilt diesen Bogen in zwei Hälften: die Küsten der aufgehenden und der untergehenden Sonne, die Riviera di Levante und die Riviera di Ponente, oder prosaischer: die östliche und die westliche Riviera.

Von ihrer landschaftlich reizvollsten Seite zeigt sich die **Levante-Küste** östlich von Genua auf fast der ganzen Länge zwischen der **Halbinsel Portofino** und den **Cinque Terre** bis Portovenere. Die Küste fällt hier oft steil ins Meer ab, in den idyllischen Küstenorten drängen sich die bunten Häuser eng zusammen um einen kleinen Hafen, oder sie kleben an grünen Hängen mit grandiosem Meerblick.

Die **Riviera di Ponente**, der Küstenabschnitt zwischen Genua und der französischen Grenze, ist meist flach und daher so urbanisiert, dass man über weite Strecken nicht bemerkt, wo ein Ort endet und der nächste beginnt. Berühmte Seebäder wie Finale Ligure, Alassio und Laigueglia locken hier mit ihren feinsandigen Stränden und eleganten Palmenpromenaden und sind so zum Inbegriff der **Palmenriviera** geworden, wie der Küstenabschnitt zwischen Varazze und Cervo heisst. Die **Blumenriviera** mit ihren Hauptorten Imperia, San Remo und Bordighera verdankt ihren Namen ihrer subtropischen Blütenpracht, die sich hier dank des besonders milden Klimas verschwenderisch das ganze Jahr über ausbreitet.

Ligurien ist aber weit mehr als die bekannten umtriebigen Badeorte, die im Sommer von Hunderttausenden sonnenhungriger Badegäste überschwemmt werden. Da sind auch ursprüngliche Bergdörfer im **Hinterland der Palmenriviera**, die – oft nur wenige Kilometer vom Meer entfernt – einer anderen, längst vergangenen Zeit anzugehören scheinen.

Und wer sich ins **Bergland der Blumenriviera** und in die nahen **Seealpen** aufmacht, wird nicht nur mit spektakulären Ausblicken auf abwechslungsreiche Berglandschaften, Kastanienwälder und archaische Olivenhaine belohnt, sondern stößt auch auf uralte Siedlungsgebiete der Menschheitsgeschichte.

Die schönsten Touren

Noble Seebäder und grandiose Natur: eine Woche an der Riviera di Levante

— ①— Genua › Camogli › S. Margherita Ligure › Portofino › Rapallo › Levanto › Cinque Terre › La Spezia › Portovenere

Distanzen:

Genua › Camogli 25 km; **Camogli › S. Margherita Ligure ›** 9 km; **S. Margherita Ligure › Portofino** 5,5 km; **Portofino › Rapallo** 9 km; **Rapallo › Levanto** 55 km; **Levanto › Cinque Terre › La Spezia** 34 km; **La Spezia › Portovenere** 11 km.

Verkehrsmittel:

Die Tour zwischen Genua und La Spezia kann man auch gut mit der Bahn machen, besonders in den unwegsamen, steilen Cinque Terre. Am besten man sucht sich einen festen Standort, von wo aus man die Halbinsel Portofino und die Cinque Terre per pedes und Bahn erkunden kann. Die Fahrt an der Küste entlang auf der Staatsstraße 1, der Via Aurelia, führt mitten durch die Orte und braucht Zeit. Schneller geht es auf der parallel verlaufenden Autobahn.

Für »La Superba«, das stolze *Genua › S. 47, sollte man mindestens einen, besser aber zwei Tage einplanen. Vom Glanz der großen Vergangenheit als Seerepublik erzählen die prachtvollen Marmorpaläste der **Altstadt › S. 47 und am **Alten Hafen › S. 54. Wer Zeit hat, sollte sich auch Genuas trutzigen Stadtwall (von Campi oder Pino Soprano aus) mit seinen *Festungsanlagen ansehen › S. 61.

Die östliche Riviera reizt vor allem mit ihren Steilküsten über tiefblauem Meer und malerischen Fischerdörfern. *Camogli › S. 64 am Golfo di Paradiso ist nicht nur ein vielfotografiertes Fotomotiv, sondern auch ein prima Ausgangspunkt für Wanderungen im **Naturpark Portofino › S. 65, vor dessen Felsklippen eines der schönsten Tauchreviere liegt.

Attraktive Standorte sind das lebhafte *Santa Margherita Ligure › S. 66 oder das elegante **Rapallo** › S. 68 auf der anderen Seite der Halbinsel von Portofino. Egal, wo man seine Zelte aufschlägt, es sollte mindestens für zwei Tage sein. Die Bootsfahrt nach **Portofino** › S. 67 ist ein Erlebnis.

Mindestens ebenso berühmt, ebenso reizvoll und im Sommer auch ebenso gut besucht sind die ***Cinque Terre** › S. 76, die »fünf Dörfer«, die wie Adlerhorste an der Steilküste kleben. Hierfür sollte man zwei bis drei Tage einplanen, vor allem wenn man die Dörfer nicht per Bahn, sondern zu Fuß entdecken will. Eine gute Alternative für die Standortwahl ist **Levanto** › S. 71, der letzte Ort westlich der Cinque Terre mit Bahnstation und Badestrand.

Das glanzvolle Finale dieser Tour bildet **Portovenere** › S. 81, das sich mit dem eigenen Fahrzeug allerdings nicht von den Cinque Terre aus, sondern nur über **La Spezia** › S. 82 erreichen lässt. Es gibt wohl kaum einen stimmungsvolleren Ort als Portovenere, um die Eindrücke der Tour noch einmal Revue passieren zu lassen – am besten bei einem guten Fischgericht in einem der Restaurants an der Hafenbucht.

Portovenere – ein Schmuckstück an der Riviera di Levante

Karte
Umschlag
hinten

Palmenpromenaden und Blumenpracht: eine Woche an der Riviera di Ponente

–②– Varazze ❯ Albisola ❯ Noli ❯ Finale Ligure ❯ Borgio Verezzi ❯ Loano ❯ Albenga ❯ Alassio ❯ Cervo ❯ Imperia ❯ San Remo ❯ Baiardo ❯ Apricale ❯ Dolceacqua ❯ Bordighera

Distanzen:

Varazze ❯ Albisola 7 km; **Albisola ❯ Noli** 22 km; **Noli ❯ Finale Ligure** 8 km; **Finale Ligure ❯ Borgio Verezzi** 5 km; **Borgio Verezzi ❯ Loano** 6 km; **Loano ❯ Albenga** 10 km; **Albenga ❯ Alassio** 7 km; **Alassio ❯ Cervo** 13 km; **Cervo ❯ Imperia** 9 km; **Imperia ❯ San Remo** 33 km; **San Remo ❯ Baiardo** 22 km; **Baiardo ❯ Apricale** 8 km; **Apricale ❯ Dolceacqua** 6 km; **Dolceacqua ❯ Bordighera** 11 km

Verkehrsmittel:

Abgesehen von der Strecke San Remo ❯ Baiardo ❯ Apricale ❯ Dolceacqua ❯ Bordighera ist die Tour auch mit der Bahn gut machbar. Wer mit dem Auto fährt, nimmt zwischen Albisola und Noli besser die Autobahn. Danach ist die Küstenstraße mit ihren Ortsdurchfahrten reizvoller. Von fast allen größeren Küstenorten kann man das Hinterland in Rundtouren erkunden.

Die Riviera di Ponente ist die Badeküste Liguriens. Hier reihen sich die schönsten Strände der ganzen Riviera aneinander, und nicht zufällig setzt im Sommer eine regelrechte Völkerwanderung zu den Badeorten zwischen **Varazze** ❯ S. 93 und der französischen Grenze ein. Je nach Badelust und -laune sollte man für diese Tour ein bis zwei Wochen einplanen, da sie neben Strandleben auch jede Menge kulturelle Sehenswürdigkeiten und reizvolle Natur bietet.

Lockt die ehemals berühmte Keramikstadt **Albisola** ❯ S. 94 mit ihren langen Stränden, so besticht ***Noli** ❯ S. 96 mit einem intakten mittelalterlichen Ortsbild und einer schönen Palmenbucht.

Die Seele baumeln lassen kann man in **Finale Ligure** ❯ S. 98 mit seiner gepflegten Palmen- und Strandpromenade. Die Karstberge reichen hier ganz nah an den Ort heran und laden zu ausgiebigen Panoramaspaziergängen ein. Mit einer wirklich spektakulären Attraktion wartet das Hinterland von **Loano** ❯ S. 100 auf: Für die Besichtigung der fantastischen Tropfsteinhöhlen von ****Toirano** ❯ S. 101 sollte man sich mindestens einen halben Tag Zeit nehmen.

Russische Zaren und Großfürsten
hinterließen San Remo eine Kirche

In die Welt der Antike entführt *Albenga ❭ S. 101 die Besucher ins berühmte **Baptisterium aus dem 5. Jh. und ins Museo Navale, welches die Ladung eines vor der ligurischen Küste gesunkenen Römerschiffes zeigt. Ein Bummel durch die mittelalterlichen Gassen rundet einen schönen Tag in Albenga ab.

Das nah gelegene Alassio ❭ S. 102 punktet vor allem mit einem überaus lebendigen Nachtleben, von dem man sich tagsüber an einem der schönsten Strände der Riviera erholen kann, der sich bis ins benachbarte Laigueglia hinzieht. Liebhaber ruhigerer Abendvergnügungen werden sich an einem der sommerlichen Kammerkonzerte auf dem idyllisch über dem Meer gelegenen barocken Kirchplatz von *Cervo ❭ S. 103 erfreuen.

Einer der Gründe, nach Imperia ❭ S. 115 zu kommen, ist das hervorragende Olivenöl, das in den umliegenden Tälern meist noch in kleinen Mühlen produziert wird – oder bei Fratelli Carli, dem größten Ölproduzenten Liguriens, der seiner Liebe zu der kleinen schwarzen Frucht hier im **Museo dell'Olivo in Oneglia ❭ S. 116 ein sehr sehenswertes Denkmal gesetzt hat.

Ein Riviera-Seebad wie aus dem Bilderbuch ist San Remo ❭ S. 120 mit seinen prächtigen Belle-Époque-Bauten, Jugendstilvillen und den Zwiebeltürmen der russisch-orthodoxen Kirche San Basilio neben dem weißen Prachtbau des Casinos. Beim Einkaufsbummel trifft man auch heute noch Stars und Sternchen, vor allem während des berühmten Schlagerfestivals Ende Februar.

Abseits der Touristenpfade und in eine andere Welt führt der Umweg ins bergige Hinterland von San Remo. Man benötigt einen ganzen Tag, um die kurze Strecke nach Bordighera zurückzulegen, während die Strecke an der Küste nur 11 km lang ist. Nach wenigen Kilometern wird man bereits ein ganz anderes Ligurien fern vom Trubel der Küste entdecken: Panoramastraßen winden sich zu stillen Bergdörfern wie *Baiardo ❭ S. 122 hinauf, das sich in 900 m Höhe in einzigartiger Panoramalage vor der Kette der Ligurischen Alpen erhebt. Wieder bergab gelangt man zu dem pittoresken, bei Künstlern und Romantikern beliebten Dorf ***Apricale** › S. 134 und ins Nervia-Tal zum Burgdorf **Dolceacqua** › S. 135, dem Mittelpunkt des westligurischen Weinbaus mit eng verschlungenen Gassen.

Den krönenden Tourabschluss bildet ***Bordighera** › S. 124, eines der schönsten Seebäder aus der Zeit der Jahrhundertwende, das mit eleganten Villen, schattigen Parks und zahlreichen Restaurants aufwartet. Seit der Entdeckung der Riviera di Ponente ist es der elegante Lieblingsort der reichen Wintertouristen von den britischen Inseln. Mit einem Glas Rossese di Dolceacqua kann man den Abschluss der Tour stilgerecht begießen – am besten beim Sonnenuntergang am Strand.

Touren in der Region

Touren in der Region	Region	Dauer	Seite
Villen, Festungen und eine pompöse Totenstadt	Genua und die Riviera di Levante	1–3 Tage	43
Auf den Spuren der Reichen und Schönen	Genua und die Riviera di Levante	2–3 Tage	45
Badestrände und ein ökologisches Modelldorf	Genua und die Riviera di Levante	2–3 Tage	46
Spektakuläre Steilküsten und malerische Dörfer	Cinque Terre und der Golf von La Spezia	2–3 Tage	74
Der Golf der Dichter	Cinque Terre und der Golf von La Spezia	3–4 Tage	75
Palmen, feine Sandstrände und Tropfsteinhöhlen	Palmenriviera mit Bergland	3–4 Tage	89
Üppiges Grün zwischen Alpen und Apennin	Palmenriviera mit Bergland	1–2 Tage	90
Noble Seebäder und idyllische Oliventäler	Blumenriviera und Ligurische Alpen	2–4 Tage	109
Zwischen Riviera und Côte d'Azur	Blumenriviera und Ligurische Alpen	1–2 Tage	111
Stille Bergdörfer, Hexen und Burgruinen	Blumenriviera und Ligurische Alpen	2–3 Tage	111
Durch das Roya-Tal in die Seealpen	Blumenriviera und Ligurische Alpen	1–2 Tage	114

Klima und Reisezeit

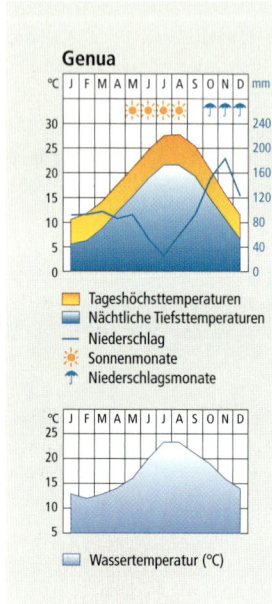

Klima

Es war das milde, ausgeglichene Klima, das um die Mitte des 19. Jhs. die ersten, englischen Touristen an die italienische Riviera lockte. Sie kamen – anders als die heutigen Urlaubsgäste, die den Sommer bevorzugen – hauptsächlich zum Überwintern ans Mittelmeer, denn im Winter sinkt die durchschnittliche Temperatur an der Küste selten unter 8 °C, in der Gegend um Alassio und San Remo kaum unter 10 °C.

Dank der frischen Meeresbrise sind auch die Temperaturen im Sommer mit 22–24 °C an der Küste zwischen Alassio und La Spezia erträglich.

Der geografische Kontrast von Meer und Bergen spiegelt sich in einer Zweiteilung des Wetters: Während an der Küste meist die Sonne scheint, hängen über den Bergen spätestens ab nachmittags oft dicke Wolken, die freilich nur selten abregnen.

Die regenärmsten und zugleich die Hochsaisonmonate sind Juli und August. Die meisten Niederschläge fallen im Frühjahr und im Herbst. Ende September gibt es manchmal eine kleine Regenzeit mit zum Teil heftigen Niederschlägen. Ist das berüchtigte Genua-Tief abgezogen, erwacht die Natur zu einem zweiten Frühling, der den ganzen Winter über anhält.

Reisezeit

Ligurien ist rund ums Jahr ein gutes Reiseland. Bade- und Sonnenhungrige werden sich für den Sommer entscheiden; Kultur- und Naturfans sollten das Frühjahr mit seiner Blütenpracht oder den Herbst mit seinem klaren Licht wählen oder auch den Winter, der es schon den nebelsatten Engländern angetan hat. Ein weiterer Vorteil der Nichtsommerzeit ist, dass die Straßen weniger verstopft und die Hotels weniger gebucht sind.

Anreise

Mit dem Auto

Die Hauptrouten zur Riviera führen über den Schweizer Kleinen St. Bernhard und den St. Gotthard. In der Po-Ebene finden diese Straßen und Autobahnen Anschluss an das dichte norditalienische Autobahnnetz, das in La Spezia, Genua und Savona auf die ligurische Küstenautobahn trifft. Für die Autobahnen in der Schweiz braucht man eine Vignette. Die italienischen Autobahnen sind mautpflichtig.

Mit der Bahn

Von den größten Städten Deutschlands aus bestehen Direktverbindungen nach Genua. Viele Züge verkehren von Genua weiter bis Ventimiglia im Westen oder bis La Spezia im Osten. Infos: www.bahn.de

Mit dem Flugzeug

Der Flughafen Cristoforo Colombo in Genua, 7 km westlich vom Zentrum, wird täglich von vielen deutschen Städten und von Zürich aus angeflogen. Als Alternative bieten sich für die westliche Riviera der Flughafen von Nizza bzw. für die östliche Riviera der Flughafen von Pisa mit täglichen Verbindungen von Städten im deutschsprachigen Raum an.

Reisen in der Region

Mit dem Auto und Motorrad

Für Pkw gelten folgende Tempolimits: 50 km/h in Ortschaften, 90 km/h auf Landstraßen, 90–110 km/h auf Schnellstraßen, 130 km/h auf Autobahnen. Auch tagsüber muss außerhalb geschlossener Ortschaften das Abblendlicht eingeschaltet werden. Die Polizeikontrollen sind streng; übermäßiger Alkoholkonsum (Limit: 0,5 Promille) und hohe Geschwindigkeitsüberschreitungen können den Führerschein kosten. Bei Unfällen ist das Tragen von Warnwesten im Bereich der Unfallstelle Pflicht. Fahrräder auf dem Fahrradständer an der Rückseite des Autos müssen in Italien durch ein rot-weiß gestreiftes Schild gekennzeichnet sein. Für Motorradfans bietet das ligurische Hinterland mit seinen kurvenreichen Straßen ein ideales Gelände.

Mit öffentlichen Verkehrsmitteln

Ein ideales Verkehrsmittel, um den Staus an der Küste auszuweichen, ist die Bahn. Das Netz der Bahnverbindungen ist gut ausgebaut; auf der Strecke entlang der Küste fahren Züge im Stundentakt, Busse sorgen für bequeme und preisgünstige Verbindungen in die im Hinterland gelegenen Ortschaften. Mit größeren Orten besteht meist vier Mal täglich eine Verbindung.

Sport und Aktivitäten

Baden

An der über 300 km langen Rivieraküste fehlt es nicht an Badegelegenheiten. Allerdings sind nur die wenigsten Strände wirklich frei zugänglich. Einerseits besitzen viele Hotels einen eigenen privaten Badestrand, andererseits sind die meisten Strände in den Ortschaften gebührenpflichtig.

Rund 460 *stabilimenti balneari* (Badeanstalten) gibt es an Liguriens Küste, die von malerischen kleineren Badebuchten bis zu langen, lebhaften und meist kinderfreundlichen Sand- und Kieselstränden viel Abwechslung bietet. Die Wasserqualität an der Küste ist fast überall gut; mehrere Orte wurden in den letzten Jahren mit Gütesiegeln der EU und der Umweltschutzorganisation Legambiente ausgezeichnet.

Tauchen

Die italienische Riviera zählt unter Tauchern längst nicht mehr zu den Geheimtipps. Ein traumhaftes Unterwasserrevier ist zum Beispiel der Küstenstreifen des Naturparks Portofino ❯ S. 65. In den Gewässern der Palmenriviera kann man nach Wracks wie dem 1991 gesunkenen Supertanker Haven oder nach alten Römerschiffen tauchen.

Whale watching

Zu den beliebtesten Ausflugsangeboten gehört Walbeobachten. In einem riesigen Schutzgebiet vor den Küsten Liguriens leben Finnwale, Pottwale und Delfine, die man mit etwas Glück bei einer Exkursion zu Gesicht bekommt. Das Meeresbiologische Institut Tethys in Mailand erforscht seit 1986 die Wale und Delfine im Ligurischen Meer (www.tethys.org). Seit 2001 finden touristische Walbeobachtungsfahrten von Imperia aus statt, die die Arbeit von Tethys unterstützen (www.whalewatch.it). Mittlerweile bietet auch eine Reihe anderer Unternehmen Exkursionen an (www.santuariodeicetacei.it).

Die italienische Riviera bietet viele Segel- und Surfmöglichkeiten

Vermittlung zu Tauchzentren, Organisation von Wrack-Tauchgängen und Informationen gibt es unter: www.wreckdiveliguria.com

Segeln und Surfen

Die italienische Riviera besitzt viele günstige Anlegeplätze, die zu gut ausgestatteten Segel- und Jachthäfen ausgebaut wurden. In den meisten größeren Badeorten können Segelboote ausgeliehen werden, viele bieten auch Surfmöglichkeiten mit Schulen und Surfbrettverleih. Auskünfte erteilen die lokalen Fremdenverkehrsbüros und:

Federazione Italiana Vela
Corso Sardegna 34][16143 Genova
Tel. 0 10 51 43 76][www.federvela.it

Angeln

Für Binnengewässer ist eine Genehmigung erforderlich (nähere Auskunft erteilen die APT-Tourismusbüros); im Meer kann man auch ohne Erlaubnis angeln.

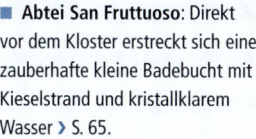

Die attraktivsten Buchten und Strände

■ **Abtei San Fruttuoso**: Direkt vor dem Kloster erstreckt sich eine zauberhafte kleine Badebucht mit Kieselstrand und kristallklarem Wasser ❯ S. 65.

■ **Tellaro**: Der hübsche kleine Sandstrand im Vorort Fiascherino verfügt über ein Strandbad ❯ S. 84.

■ **Noli**: Bunte Fischerboote schmücken die lange, sanft geschwungene Bucht von Noli ❯ S. 96.

■ **Finale Ligure**: Hier gibt es einen gepflegten Kiesstrand, der im Sommer mit Sand aufgeschüttet wird ❯ S. 98.

■ **Alassio**: der längste und einer der schönsten Sandstrände der Riviera, an dem man nur ganz früh morgens und in der Nebensaison einsame Spaziergänge machen kann ❯ S. 102.

■ **Laigueglia**: Die feinsandige Baia del Sole ist eine echte Konkurrenz für das benachbarte Alassio ❯ S. 103.

Radfahren/Mountainbiking

Rennradfahrer wissen die Bergstraßen Liguriens schon lange zu schätzen. Und sie befinden sich in Italien, wo Rennradfahren Nationalsport ist, in bester Gesellschaft. Seit einigen Jahren feiern auch die Mountainbiker die Vorzüge des Wegenetzes alter Maultierpfade, die das gesamte Hinterland durchziehen. Mountainbike-Meisterschaften finden bei den Festungen Genuas im Parco Urbano delle Mura ❯ S. 61 und am Lago di Osiglia ❯ S. 105 statt. Auskünfte geben die örtlichen Tourismusämtern.

Golf

In Ligurien gibt es fünf sehr schön gelegene Golfplätze: zwei 9-Loch-Plätze in Arenzano (Provinz Genua) und in Marigola bei Lerici (Provinz La Spezia), drei 18-Loch-Plätze in Garlenda (Provinz Savona), Rapallo (Provinz Genua) und San Remo (Provinz Imperia). Infos:
Federazione Italiana Golf (FIG)
Comitato Regione Liguria][**Piazza del Golf 2**][**16011 Arenzano**
Tel. 01 09 13 11 02][**www.federgolf.it**

Die spektakulärsten Aussichtspunkte

■ **Genua**: Vom Granarolo-Hügel hat man einen herrlicher Blick auf Genua ❯ S. 50.
■ **Rapallo**: Die Aussicht auf Rapallo und die Küste lohnt die Fahrt mit dem Sessellift zur Wallfahrtskirche Nostra Signora di Montallegro ❯ S. 68.
■ **Corniglia**: Schöner Ausblick auf die Cinque Terre von der Belvedere-Terrasse ❯ S. 78.
■ **Riomaggiore**: Atemberaubend ist der Panoramablick über die ganze Küste von der Wallfahrtskirche Madonna di Montenero ❯ S. 80.
■ **Ameglia**: Vom Burghügel hat man tolle Sicht auf die Ebene von Luni und auf die Apuanischen Alpen ❯ S. 85.
■ **Baiardo**: Terrazzo sugli Alpi hinter der Kirche: Hier kann man die grandiose Sicht auf die Seealpen genießen ❯ S. 124.

Fernwanderweg *Alta Via

An der Küste bei Ventimiglia beginnt der Ligurische Höhenweg, die »Alta Via dei Monti Liguri«, ein gut markierter Wanderweg, der auf der Wasserscheide anfangs der Westalpen und dann des ligurischen Apennins verläuft. Nach rund 440 km endet er in Ceparana, nördlich von La Spezia. Der längste Fernwanderweg auf italienischem Boden ist in 44 Etappen unterteilt, die 5–17 km lang sind und Höhenunterschiede von bis zu 952 m aufweisen. Den höchsten Punkt der Alta Via bildet mit 2200 m der Gipfel des Monte Saccarello an der italienisch-französischen Grenze. Den Wanderer erwarten abwechslungsreiche Natur, mittelalterliche Bergdörfer und imposante Ruinen alter Befestigungsanlagen. Praktische Hinweise: www.italienwandern.de/Ligurien/Wandern7.html

Reiten

Immer beliebter werden Ferien hoch zu Ross. Vor allem das hügelige und gebirgige Hinterland eröffnet viele Möglichkeiten für Ausritte, Tagesausflüge und mehrtägige Pferdetrekkingtouren. Auskünfte erhält man bei den lokalen Tourismusämtern und bei:

Federazione italiana sport equestri
Comitato Regione Liguria
Piazza Colombo 1][16121 Genova
Tel. 0 10 54 15 85][www.fise.it

Wandern und Klettern

In Ligurien existieren zahlreiche markierte Wanderwege. Die bekannteste Wanderregion liegt in den **Cinque Terre** ❯ S. 76; aber auch im **Naturpark Portofino** ❯ S. 65, am Monte Beigua, bei **Finale Ligure** ❯ S. 98 sowie in den Seealpen und im Apennin sind

Die Wanderregion Cinque Terre

schöne Touren möglich. Zwischen Ventimiglia und La Spezia verläuft der Ligurische Fernwanderweg ❯ S. 18. Bei Sportkletterern sind die Kalkfelsen bei Finale Ligure beliebt, denn hier finden sich rund 1500 Routen der Schwierigkeitsgrade 3 bis 6.

■ **Club Alpino Italiano (CAI)**
Galleria Mazzini 7][16121 Genova Tel. 0 10 59 21 22][www.cai.it
■ **www.italienwandern.de**

Unterkunft

Hotels

Die Hotels, die meist in den Badeorten liegen, werden nach Komfort und Service von einem Stern (einfach) bis zu fünf Sternen (Luxushotel) klassifiziert. Daneben gibt es Pensionen und Frühstückspensionen. Für einen Urlaub in der Hochsaison (Juli/Aug.) sollte man seine Unterkunft unbedingt lange im Voraus buchen; oft werden Zimmer nur mit Halb- oder Vollpension vermietet. Das Frühstück ist im Preis nicht immer inbegriffen.

Traumhafter Meerblick vom Hotel Porto Roca

Hotelverzeichnisse erhält man bei den ENIT-Büros in Deutschland, Österreich und der Schweiz, bei den Tourismusbüros vor Ort und bei:
Agenzia regionale per la Liguria
Palazzo Ducale][Piazza Matteotti 9][16123 Genova][Tel. 01 05 30 82-1 www.turismoinliguria.it

Ferienwohnungen und Agriturismo

Sehr beliebt ist der Aufenthalt in Ferienwohnungen und Mietvillen. Auskunft hierüber erteilen die örtlichen Fremdenverkehrsämter, Reisebüros sowie Anbieter und Vermittler von Ferienwohnungen.

Wer Kontakt mit der Natur und den Einheimischen sucht, ist mit den einfachen Landgasthäusern des Agriturismo bzw. Bauernhofferien gut beraten, die besonders bei Familien sehr beliebt sind. Die rustikalen Unterkünfte liegen meistens im Landesinnern, aber in Ligurien praktisch nie sehr weit weg von der Küste. Auf den Tisch kommt Bodenständiges oft aus dem eigenen Anbau. Informationen erhält man bei den örtlichen Tourismusämtern und bei:
■ **Agriturist Regionale**
Via Ivrea 11/10][16129 Genova][Tel. 01 05 53 18 84][www.agriturist.it
■ **www.bauernhofurlaub.com**

Bed & Breakfast

Eine weitere interessante Unterkunftsvariante ist Bed & Breakfast (B & B). Die Privatzimmer bzw. kleinen Privatpensionen sind sehr unterschiedlich im Preis und in der Ausstattung. Sie bieten oft etwas Besonderes und haben den Vorteil von mehr Privatheit. Infos unter: www. bed-and-breakfast-italien.com und www.bbitalia.it

Camping

Trotz des reichen Angebots an Campingplätzen verschiedener Kategorien ist in der Hochsaison rechtzeitige Anmeldung geboten, da viele Plätze von Dauercampern belegt sind. Abseits der Küste ist man auf freie Übernachtungsplätze in kleinen Ortschaften angewiesen. In manchen Küstenorten ist das Übernachten in Wohnmobilen auf öffentlichen Parkplätzen verboten. Ein Verzeichnis der ligurischen Campingplätze erhält man bei:

■ APT
Via Roma 11][16121 Genova
Tel. 01 02 46 26 33
www.turismoinliguria.it
■ **www.camping.it/germany/liguria**

Jugendherbergen

In Ligurien gibt es auch einige Jugendherbergen (Alberghi per la Gioventù), so unter anderem auch in Finale Ligure, Savona, Genua, Levanto und Manarola. Sie sind allesamt modern ausgestattet und schön gelegen. Die Übernachtung kostet zwischen 12 und 18 €.

■ **Associazione Italiana Alberghi per la Gioventù (AIG)**
Piazza San Bernardo 107
00184 Roma][Tel. 06 48907740
www.aighostels.com
Für Finale Legure, Savona und Genua.
■ **Ospitalia del Mare**
Via S. Nicolo][19015 Levanto
Tel. 01 87 80 25 62
www.ospitaliadelmare.it
■ **Ostello Cinqueterre**
Via Riccobaldi 21][19010 Manarola
Tel. 01 87 92 02 15
www.hostel5terre.com

Echt gut!

Die schönsten Unterkünfte

■ Morgens die Fenster weit aufmachen und auf das blau glitzernde Meer schauen: Diesen Traum kann man sich im **Porto Roca** in Monterosso al Mare erfüllen, bevor man sich auf den Wanderweg durch die Cinque Terre macht 〉 S. 78.

■ Mediterrane Leichtigkeit und einen wirklich paradiesischen Meerblick bieten die Zimmer des Hotels **Paradiso** in Portovenere 〉 S. 82.

■ Vom familiären **Agnello d'Oro**, einer ehemaligen Klosterschule, ist es nur ein Katzensprung in Genuas Altstadt und zum Hafen 〉 S. 57.

■ Rechtzeitig buchen gilt für das stimmungsvolle kleine Bed & Breakfast **L'Archivolto** in Borgio Verezzi. Die Panoramalage über dem Meer ist eine der schönsten in Ligurien 〉 S. 100.

■ Idyllisch mitten in den grünen Hügeln bei Calizzano liegt das stilvoll renovierte alte Bauernhaus **La Brinetta di Pesce Roberto**. Zur Küste nach Finale Ligure sind es nur 25 km: Agriturismo La Brinetta di Pesce Roberto, Calizzano 〉 S. 107.

■ Eine Belle-Époque-Villa in einem subtropischen Garten – dies hat schon so Manchen dazu verführt, gleich den ganzen Winter im Hotel **Villa Elisa** in Bordighera zu verbringen 〉 S. 125.

■ Ein rustikales Abenteuer versprechen **Les Tentes autour du monde** im Nationalpark Mercantour bei Tende. In der Zeltstadt kann man wählen, ob man in einem Tipi, einer Jurte oder in einem Berberzelt übernachten möchte 〉 S. 138.

Unterwegs mit Kindern

Sandburgen und Dämme bauen, baden, planschen, Gummiboot fahren – die westliche Riviera mit ihren langen Sand- und Kieselstränden ist ein Paradies für Kinder. Dazu gibt es überall in Ligurien Spannendes zu entdecken und für alle Altersklassen natürlich das unschlagbare italienische Trio »Pasta, Pizza e Gelato«!

Die Kinderstadt

In der **Città dei Bambini** am Alten Hafen in Genua › S. 54 lernen Kinder spielerisch, wie Wissenschaft und Technik funktioniert. In Spielräumen und Themenbereichen für verschiedene Altersgruppen werden sie angeregt, spannende Wissenswelten zu entdecken, so z. B. auf den Spuren von Galileo Galilei die Geheimnisse der Astronomie. Ein Hit ist die 2009 aufgestellte Digi-Wall, eine große Kletterwand, an der 6- bis 15-Jährige Free Climbing – vom Computer durch Lichtsignale geführt – ausprobieren können.

Wassererlebnispark Le Caravelle

Ein riesiges Wellenbad, 15 verschiedene Wasserrutschen, die Wasserdisko »Aquadance«, ein Babypool und noch viele weitere Wasserabenteuer sind so richtig nach dem Geschmack von kleinen und größeren Wasserratten. Liguriens größten Wassererlebnispark **Parco Aquatico Le Caravelle** findet man in Ceriale, nur ein paar Kilometer von der Küste entfernt in den Hügeln hinter Albenga (Via Sant' Eugenio, Ceriale, Tel. 01 82 93 17 55, www.riviera-dei-fiori.de/Le-Caravelle.html, geöffnet in der Saison von Juni bis September 10–19 Uhr).

Fische streicheln

Ein Renner für Kinder ist auch das **Acquario** › S. 54. in Genua mit über 5000 Tieren in rund 50 Bassins. Hier können sie Fische nicht nur durch Glasscheiben bestaunen, sie dürfen diese auch anfassen, zumindest einige. Der Star unter den ungewöhnlichen Streicheltieren dieses Meereszoos ist ein zahmer Mini-Rochen. Ungeheuren Eindruck machen auch die zweistöckigen Haifisch- und Delfinbecken. Viele Aktivitäten werden angeboten, z.B. kann man bei den Haien übernachten.

Seifenkisten-Regatta am Lago di Osiglia

Ein Riesenspaß für kleine und große Kinder ist die Seifenkisten-Regatta auf dem Lago di Osiglia › S. 105. Es gilt das olympische Motto: Dabeisein ist alles – und teilnehmen darf jeder, der sein schwimmendes Gefährt wirklich selbst gebaut hat. Der kreative Nachwuchs ist gefordert, die kreativen Eltern dürfen mitbauen. Termine erfährt man beim Fremdenverkehrsamt in Osiglia (www.osigliaproloco.it).

Höhlenforscher unterwegs

In den großen, offenen Hallen der Höhlen von **Balzi Rossi** › S. 127 haben die ersten Menschen gelebt. Die riesigen Gangsysteme der Tropfsteinhöhlen von **Toirano** › S. 101 und **Borgio Verezzi** › S. 100 boten auch Urzeitbären Schutz. Vor allem aber sind sie steingewordene Märchenwelten mit bezaubernden Architekturen an unterirdischen Seen. Das fasziniert nicht nur Kinder.

Dinosaurier und Erdbeben

In vergangene Zeiten der Erdgeschichte entführt auch das **Burgmuseum von Lerici** › S. 84. Dort trifft man auf computeranimierte Dinosaurier, die in Originalgröße die Arten verkörpern, die einst hier lebten. In der Erdbeben-Abteilung erlebt man in einer Simulation, wie es sich anfühlt, wenn die Erde sich schüttelt – was an der italienischen Riviera zwar vorkommt, aber zum Glück meist ohne gravierende Folgen.

Schiffstour und Wale beobachten

Ein unvergessliches Erlebnis wird der 5- bis 6-stündige Ausflug zum Whale Watching › S. 16 für die Kinder, wenn tatsächlich Wale gesichtet werden. Die Chancen dafür stehen gut, denn die Riesensäuger machen nicht etwa nur Zwischenstation im Ligurischen Meer, sie leben hier. So hat man allein in einem Jahr über 800 Wale und Zehntausende von Delfinen gezählt.

Dennoch sollte man bei einer Wal-Exkursion, zu der im Sommer täglich von vielen Küstenorten Schiffe aufbrechen, zusätzlich zum Fernglas, auch etwas Geduld mitbringen. Das dürfte freilich nicht allzu schwer fallen, denn allein die Bootsfahrt auf das offene Meer hinaus ist aufregend genug.

Land und Leute

Steckbrief][Geschichte im Überblick][
Natur und Umwelt][Die Menschen][
Kunst und Kultur][Feste und Veranstaltungen][
Essen und Trinken][Shopping

Ligurien

schnittlich 295, in Ballungsräumen wie Genua und den urbanisierten Küstenabschnitten etwa 1000.
Religion: Wie im übrigen Italien überwiegend katholisch. Genua ist Sitz des Erzbistums.

Fläche: 5420 km² und damit drittkleinste Region Italiens
Topographie: rund 300 km Meeresküste, 70 % Berge, höchster Berg: Monte Saccarello (2200 m)
Hauptstadt: Genua (Einwohner: 800 000)
Bevölkerung: 1,6 Mio. Einwohner, Bevölkerungsdichte pro km² durch-

Lage und Landschaften

Mit einer Fläche von rund 5420 km² ist Ligurien – nach Molise und dem Aostatal – die drittkleinste Region Italiens. Als schmaler Streifen zwischen 7,5 und 38 km Breite schmiegt sich die Landschaft sichelförmig auf einer Länge von rund 300 km an Piemont im Westen und an die Emiglia Romagna sowie die Toskana im Osten. Küste, Berge und Hügel prägen die Region, in der sich die **Ligurischen Alpen** mit dem nördlichen **Apennin** verbinden; als Koppelungspunkt dieser beiden mächtigen Gebirgsketten wird der 465 m hohe Pass »Colle di Cadibona« bei Savona angesehen. Höchster Gipfel ist mit seinen 2200 m der in den Westalpen gelegene italienisch-franzö-

sische Grenzberg Monte Saccarello.

Den **schmalen Küstenstreifen** schneiden kurze Gebirgstäler mit ihren Wildbächen an, die in wenigen Kilometern von der mediterranen Klimazone mit ihren Palmen, Weinbergen und Olivenhainen zur alpinen Zone mit Buchen, Lärchen und dichten Tannenwäldern ansteigen. Da sich die Berge dicht an die Meeresküste heranschieben, entstehen extreme Kontraste. Die teilweise sehr steilen Hänge zu bebauen, ist eine kultivatorische Meisterleistung der Ligurer, die bereits im Mittelalter eine einzigartige **Terrassen-**

landschaft für den Olivenanbau schufen. Trockenmauern aus Naturstein zu setzen, ist heute eine hochbezahlte und gesuchte Kunst. Die Mauern sind freilich nicht nur für den Anbau wichtig, sondern sichern die Hänge auch gegen Erdrutsche, die nach mitunter tagelangen monsunartigen Regenfällen im Frühjahr und Herbst immer wieder Straßen im Binnenland unbefahrbar machen.

Die **Apenningipfel im Hinterland von Savona und Genua** bestehen aus Ophiolithen (»Schlangenstein«), zu denen auch das grüne Serpentingestein, ein kristalliner Schiefer, gehört, ohne das der faszinierende Helldunkel-Effekt vieler ligurischer Kirchen und Paläste nicht denkbar wäre.

Politik und Verwaltung

Ligurien ist eine der 20 Regionen Italiens und gliedert sich in vier Provinzen: von Osten nach Westen: La Spezia, Genua, Savona und Imperia. Die Hauptstadt Genua (ital. *Genova*) ist das administrative Zentrum und Sitz der Regionalregierung mit Parlament, Präsident und Ministerrat. Die Entscheidungsgewalt der Regionalregierung ist aber sehr begrenzt.

Wirtschaft

Der Tourismus ist Devisenbringer Nummer eins: Jährlich 8100 Gäste pro km^2 genießen das Dolce vita am Meer. Im Landesinneren hat sich Ligurien auf die Lebensmittelindustrie spezialisiert: Spitzenreiter sind Olivenöl und Pasta

in allen Formen und Größen. In den größeren Städten florieren darüber hinaus auch der Schiffs- und Eisenbahnbau, ferner die Stahl-, Chemie- und Petrochemie-Industrie.

Genua zählt mit Mailand und Turin zu den bedeutenden Wirtschaftsmetropolen, das Dreieck zwischen diesen drei Städten ist eine der wirtschaftlich stärksten Regionen Mitteleuropas, die 2009 an den Folgen der globalen Finanzkrise litt. Genua verfügt außerdem über den bedeutendsten italienischen Handelshafen. Zusammen mit La Spezia und Savona – dem Exporthafen für Fiat- und Lancia-Automobile – deckt Genua ein Fünftel des italienischen Personen- und ein Sechstel des italienischen Warenverkehrs ab. An der westlichen Riviera prägt die Blumenzucht das Bild, die aber mit ihren Treibhäusern das Landschaftsbild rund um San Remo nicht gerade verschönt.

Geschichte im Überblick

Altsteinzeit Bis zu 300 000 Jahre alte Spuren menschlicher Besiedlung in verschiedenen ligurischen Höhlen.

Bronzezeit Im »Vallée des Merveilles« entstehen Zehntausende von Felszeichnungen.

6. Jh. v. Chr. Die Ligurer werden von einfallenden Galliern aus der Po-Ebene vertrieben; ein Teil von ihnen lässt sich im heutigen Ligurien nieder.

180 v. Chr. Die römische Eroberung Liguriens gilt als abgeschlossen.

5.–6. Jh. Nach dem Ende des Römischen Reiches wird das Land von Herulern und Goten heimgesucht, um dann unter byzantinische Herrschaft zu gelangen.

641 Genua wird vom Langobardenkönig Rothari erobert.

10. Jh. Um die Jahrhundertmitte wird Ligurien vom italienischen König Berengar II. in drei Marken aufgeteilt.

11.–12. Jh. Kreuzzüge und Orienthandel bringen Wohlstand.

13. Jh. Genua besiegt die Seerepubliken Pisa und Venedig.

1339 Simone Boccanegra wird in Genua zum ersten Dogen gewählt.

1378–1381 Genua unterliegt Venedig im Chioggia-Krieg und verliert seinen Einfluss im Orienthandel. Es wird jahrzehntelang zum Spielball ausländischer Mächte (Mailand, Frankreich).

1528 Andrea Doria befreit Genua von den Franzosen und steht der Stadt 30 Jahre lang als Alleinherrscher vor.

1576 Genua bekommt eine republikanische Verfassung und verteidigt seine Unabhängigkeit gegen die Angriffe der Savoyer (1673), der Franzosen (1684) und der Österreicher (1746).

1797 Die genuesische Adelsrepublik wird vom französischen Revolutionsheer erobert und in die demokratische, von Frankreich abhängige Ligurische Republik verwandelt.

1805 Die Ligurische Republik wird Frankreich angeschlossen.

Rapallo: Kanonen gegen die Piraten

1814 Der Wiener Kongress verleibt Ligurien als Herzogtum Genua dem savoyischen Königreich Sardinien ein.

1860 Nizza und das Umland werden an Frankreich abgetreten.

1861 Ligurien wird Teil des Königreichs Italien unter Vittorio Emanuele II.

1887 Schweres Erdbeben in Westligurien.

1943 Heftige Partisanenkämpfe in den Bergen gegen die deutsche Besatzung.

1948 Ligurien (*Liguria*) wird eine der 20 Regionen der Republik Italien.

1992 Anlässlich der Kolumbusfeiern (500 Jahre Entdeckung Amerikas) wird Genuas »Alter Hafen« zur Touristenattraktion ausgebaut.

2001 Beim G8-Gipfel in Genua geht die italienische Polizei mit unangemessener Härte gegen Globalisierungsgegner vor.

2004 Genua wird europäische Kulturhauptstadt.

2007 In Genua wird mit Marta Vincenzi erstmals eine Frau ins Bürgermeisteramt gewählt.

2009 Eine wochenlange Hitzewelle mit Jahrhunderttemperaturen legt das öffentliche Leben weitgehend lahm.

Natur und Umwelt

Flora und Fauna

Ligurien ist nicht nur das waldreichste Gebiet Italiens – über 50 % des Landes sind von immergrüner Macchia, Buchen, Kastanien und Kiefern bedeckt –, sondern dank seines ausgeglichenen Klimas ein wahrer Garten Eden. Im Schutz der Berge entfaltet sich das ganze Jahr über eine Pflanzenpracht, die ihre botanische Vielfalt nicht zuletzt der Gartenbaukunst des 19. Jhs. verdankt, als viele Zierpflanzenarten aus Asien und Amerika eingeführt wurden. Pinkfarbene Bougainvillea, orangerote Trompetenblumen, Wandelröschen und weiße Stechapfelblüten verwandeln die Küstenstreifen in ein Blütenparadies. Blühende Rosen an Weihnachten sind nicht ungewöhnlich, und im Januar tupfen die Mimosen ihr intensives Gelb auf die grünen Hügel.

Im Winter ist an der Riviera Erntezeit: Oliven, Orangen und Zitronen werden nun geerntet, wobei ihre kleinen weißen Blüten gleichzeitig einen betörenden Duft verströmen. Im **Februar und März** verzaubern blühende Mandel- und Pflaumenbäume die Landschaft, und im **April** wetteifern die Blütentrauben des Blauregens mit dem Himmelsblau. Das Hügelland verwandelt sich im **Mai und Juni** zu einem Meer aus Sommerblumen, während auf kargeren Böden nach dem Frühjahrsregen Ginster, Thymian, Lavendel und Rosmarin ihre gelbe und violettblaue Pracht ausbreiten. Die Trockenheit der **Sommermonate** färbt die Oliventerrassen braungelb, doch nur ein paar Kilometer weiter im Hinterland trifft man auf grünen, schattigen Kastanienwald. Die wichtigste Nutzpflanze ist neben den Oliven der Wein, der allerdings weder flächenmäßig noch von der Qualität her gesehen eine nennenswerte Rolle spielt.

Die **Fauna** Liguriens bewegt sich vor allem unter Wasser und in der Luft. Pottwale und Delfine bevölkern das Ligurische Meer. Vogelfreunde werden sich an Falken, Milanen und Bussarden, gelegentlich auch Adlern erfreuen, die über den Tälern ihre Kreise ziehen. Unter den Wildtieren des ligurischen Hinterlands zählt für den Ligurer jedoch nur eines: das Wildschwein – das er wie sein ferner »Vorfahr« Obelix am liebsten als Braten vor sich hat.

Wie in allen warmen Regionen sieht man oft Eidechsen und Geckos, außergewöhnlich schön sind die bis zu einem halben Meter langen grünen Smaragdeidechsen. Auch Schlangen begegnet man, meist Nattern, die mitunter in Hitzestarre unbeweglich auf der Straße liegen. Die meisten Schlangen sind ungefährlich, die giftigen Vipern sind scheu und fliehen, wenn sie eine Erschütterung durch Tritte spüren. Feste Schuhe sind beim Wandern jedoch Pflicht! Wer Ende Juni bis Anfang Juli im Hinterland Urlaub macht, wird das blinkende Feuerwerk der Myriaden von Glühwürmchen nie mehr vergessen.

An der Blumenriviera zeigt sich die Natur von ihrer üppigsten Seite

Umweltschutz

1980 wurde die Umweltschutzorganisation Legambiente gegründet, mit 115 000 Mitgliedern und rund 1000 örtlichen Gruppen die wichtigste Umweltorganisation Italiens. Unter ihrem Symboltier – einem weißen Schwan – widmet sie sich den verschiedensten Projekten zum Schutz von Umwelt und Natur. Ihr größter international bekannter Erfolg war das Referendum 1987, durch das Italien ein Jahr nach der Katastrophe von Tschernobyl den Ausstieg aus der Atomenergie erreichte. Eines ihrer bekanntesten Projekte ist die jedes Jahr im Sommer durchgeführte Umrundung Italiens mit der Goletta Verde, dem »Grünen Segelschiff«.

Die Naturparks

Ligurien kann heute, dank der aktiven Naturschutzverbände in Italien und einer strengen Gesetzgebung, bereits auf stolze 60 000 ha Naturschutzgebiet blicken. Zu den Highlights zählen der **Naturpark Portofino** › S. 65 und die benachbarten **Cinque Terre** › S. 76, die zusammen mit der umgebenden Berglandschaft bis Portvenere als Nationalpark geschützt sind.

Der im Hinterland von Chiavari gelegene **Naturpark Aveto** umfasst die Quellen des Aveto-Flusses, eiszeitliche Seen und eine für Feuchtgebiete typische Flora. Abwechslungsreiche Landschaftsformationen bietet auch das größte Naturschutzgebiet Liguriens, der **Parco Naturale di Monte Beigua** › S. 93, westlich von Genua.

Mit über 200 Arten zeigen die beiden kleinen Inseln **Isola de Bergeggi** und **Isola Gallinara** bei Albenga eine reiche Küstenflora, wie sie vor der Zersiedlung war (Besichtigung nur vom Boot aus).

Das dritte Landschaftsschutzgebiet der Provinz Savona, die **Riserva naturale di Rio Torsero** bei Ceriale, ist für seine gut erhaltenen Fossilienlager aus dem Pliozän (5,2–1,3 Mio. Jahre) bekannt.

Drei Schutzgebiete Liguriens liegen unter Wasser, so die rund 4500 ha große **Area naturale protetta Cinque Terre** mit den tief ins Meer eintauchenden Steilabbrüchen, ferner die **Riserva von Portofino**, ein breiter Unterwassersaum um die Halbinsel von Portofino und die Gewässer rund um die **Isola di Bergeggi**.

Darüber hinaus ist das ligurische Meer das Kerngebiet des internationalen **Heiligtums der Wale**: ein 87 500 km² großes Schutzgebiet für die Meeressäuger. Ligurien gehört zum »Rete Natura 2000«, einem Netz besonderer Schutzzonen für die vom Aussterben bedrohter Tier- und Pflanzenarten (www.natura2000 liguria.it).

Seit 1986 wird dabei die Wasserqualität der Badestrände überprüft, wobei man nun ein besonderes Augenmerk auf die Mündungen der kleinen Flüsse und Bäche richtet, in die die Abwässer eingeleitet werden. Gemeinsam mit dem italienischen Automobilclub TCI veröffentlicht die Legambiente jedes Jahr zu Beginn der Badesaison mit der »Guida blu« einen Führer, der die saubersten Strände und Küstenorte auflistet. Die Klassifizierung reicht von einem bis zu fünf Segeln. Damit werden Orte prämiert, die nicht nur eine gute Wasserqualität aufweisen, sondern auch sorgsam mit der Ressource Wasser umgehen (in einem Land wie Italien mit vergleichsweise geringen Niederschlagsmengen ein wichtiges Thema – Wasserknappheit und Rationierung sind in den Sommermonaten keine Seltenheit). Mit der schwarzen Piratenflagge kennzeichnet die Legambiente Umweltsünder, die dem Meer oder der Landschaft schaden (www.legambiente.eu).

Die Menschen

Die Ligurer gelten als verschlossen und zurückhaltend, Menschen, mit denen es nicht so leicht ist, in Kontakt zu kommen. Lassen Sie sich vom Gegenteil dieses Klischees überzeugen: beispielsweise bei einem Marktbummel, beim Plausch am Tresen einer Bar, oder wenn Sie eines der zahlreichen Stadtteil- und Dorffeste besuchen, wo gut gegessen, viel gelacht und ausgelassen getanzt wird. Und wie überall so gilt auch hier: »Die Ligurer« gibt es nicht!

Ligurisch – eine Sprache?

Wer an der Riviera bei Gesprächen der Einheimischen kaum etwas versteht, braucht nicht gleich an seinen Italienischkenntnissen zu zweifeln. Das Ligurische, das zur Gruppe der norditalienischen Dialekte gerechnet wird, ist selbst für nicht-ligurische Italiener schwer verständlich. Es tendiert dazu, Laute zusammenzuziehen, Konsonanten zwischen Vokalen ausfallen zu lassen und lange u- und o-Laute in Umlaute zu verwandeln.

Ein Beispiel: *nuovo* (neu) wird zu »növu« und *cuore* (Herz) gar zu »cö«. Abwandlungen haben auch die Ortsnamen erfahren, die sich oft stark von den offiziellen Versionen unterscheiden: *Genova* heißt bei den Einheimischen »Sena«, *Savona* »Sana«, *Pietra* (Ligure) »Pria«, *Rovereto* »Ruveóu« und *Arenzano* »Aensén«. *San Remo* hieß ursprünglich *San Romolo*, was im einheimischen Dialekt zu »San Römu« abgewandelt und als *San Remo* ins Schriftitalienische übersetzt wurde.

Landarbeiter bei der Mittagspause

Ligurien ist seit jeher ein Schmelztiegel: Prägten Ur-Ligurer, Gallier, Römer und Langobarden das Bild in der Vergangenheit, so wird es seit den 1950er-Jahren durch süditalienische Zuwanderer bereichert. Dazu gesellen sich seit etwa drei Jahrzehnten sonnenhungrige Nord- und Mitteleuropäer. Sie kauften Bauernhäuser, ja ganze Dörfer, die in Folge der Landflucht verlassen da lagen, und richteten sie liebevoll wieder her. Das brachte frischen Wind und Nachahmer, so dass mittlerweile auch viele Italiener wieder zurückgekehrt sind oder das ligurische Hinterland als attraktiven Zweitwohnsitz für sich entdeckt haben.

Übrigens: Ligurien endet nicht an den heutigen Grenzen der Region. Auch in Nizza kann man oft noch Ligurisch hören – in Monaco ist es als Monegassisch sogar eine der Amtssprachen.

Kunst und Kultur

Von den Anfängen

Die vermutlich ältesten Kunstwerke Liguriens – die bronzezeitlichen **Felszeichnungen** am Mont Bégo – sind nicht ganz mühelos zu erreichen: Sie liegen auf französischem Territorium und setzen eine mehrstündige, geführte Bergtour voraus.

Aus der **Bronze- und Eisenzeit** stammen die rätselhaften Stelenstatuen der Lunigiana, die im Archäologischen Museum von La Spezia ausgestellt sind. Römischen Baueifer belegen noch heute die Römer-

Kirche mit Meerblick: San Pietro
in Porto Venere

straße zwischen Albenga und Alassio, fünf römische Brücken im Val Ponci bei Finale Ligure sowie die Ruinen römischer Villen in Bussana und San Remo.

Die besterhaltenen Bauwerke der **römischen Antike** findet man in Ventimiglia, dem Albintimilium der Römer, und in Luni, dem einstigen römischen Marmorhafen.

Vom Mittelalter zur Renaissance

Unendlich lang ist die Liste der Orte mit mittelalterlicher Kunst und Architektur. Zu den großartigsten Werken zählen das frühchristliche Baptisterium und der Dom in **Albenga**, die Basilica dei Fieschi bei **Chiavari** und die Abbazia di Borzone im Hinterland, das Baptisterium, die Kathedrale und die Kirche San Michele in **Ventimiglia**, die Klöster San Domenico in **Taggia** und **San Fruttuoso di Capodimonte** bei Portofino und schließlich die Kirchen San Paragorio in **Noli** und San Pietro in **Portovenere**.

Zu einer Hochburg gotischer Malerei mit ersten Renaissanceanklängen wurde in der zweiten Hälfte des 15. Jhs. das Dominikanerkloster in Taggia, wo der Piemonteser Künstler **Giovanni Canavesio** (1480–1550) und der einheimische **Ludovico Brea** (um 1450–1523) tätig waren. Zur

---

Renzo Piano – Baumeister des 21. Jahrhunderts

Was verbindet den Potsdamer Platz in Berlin, das Nemo Science Museum in Amsterdam und das Centre Georges Pompidou in Paris mit dem modernisierten Alten Hafen in Genua? Sie alle wurden von Renzo Piano gebaut und neu gestaltet. Der renommierte Stararchitekt ist ein Sohn Genuas, dort 1937 geboren und seit den 1970er-Jahren rund um den Globus im Einsatz. Eine seiner Spezialitäten ist es, alte, verlassene, oder ihrer ursprünglichen Funktion beraubte Industriegelände oder ganze Stadtviertel neu zu beleben. Und so war es nur natürlich, dass ihn seine Heimatstadt damit betraute, den Porto Vecchio umzugestalten. Herausgekommen ist eine äußerst lebendige und erfrischend farbige Kulturmeile des 21. Jhs. mit Objekten zum Staunen wie die futuristische Bio-Kugel und das Aquarium > S. 54.

gleichen Zeit schmückten etliche lokale Steinmetze Paläste und Kirchen mit kunstvollen gotischen Schieferportalen.

Temperament in das ligurische Kunstgeschehen brachte der florentinische Maler **Perin del Vaga**, der den genuesischen Palazzo Doria 1530 mit prachtvollen Fresken ausmalte und über seinen Nacheiferer **Luca Cambiaso** (1527–1585) auf ganze Künstlergenerationen des Barock nachwirkte (Bernardo Strozzi, Bernardo Castello, Gregorio und Lorenzo De Ferrari).

Kurz vor der Mitte des 16. Jhs. kam der umbrische, in Rom geschulte Baumeister **Galeazzo Alessi** nach Genua. Mit der Renaissancevilla Giustiani-Cambiaso realisierte er hier ab 1548 das Vorbild für unzählige Stadtpaläste und Landvillen an der Riviera.

Auf dem Weg in die Moderne

Ein neuer Bauboom setzte in der zweiten Hälfte des 19. Jhs. im Stil des Historismus und Jugendstils ein. Einer der bekanntesten Architekten Italiens, **Pier Luigi Nervi**, entwarf 1960 den Bahnhof von Savona. **Aldo Rossi** schuf 1983 das neue Opernhaus Teatro Carlo Felice. **Renzo Piano** › S. 34 gestaltete für die Kolumbusfeiern seiner Heimatstadt Genua 1992 den Alten Hafen zu einem einladenden Freizeitzentrum um.

Aus Genua stammt der Komponist und Violinvirtuose **Niccolò Paganini** (1782–1840), der 1808 seinen Siegeszug durch Europa antrat. Der Dichter **Eugenio Montale** (1896–1981) aus Monterosso erhielt 1975 den Nobelpreis für Literatur. Auch der Schriftsteller **Italo Calvino** (1923–1985), ein grandioser Erzähler zwischen Wirklichkeit und Fiktion, hat einen Teil seiner Jugend in Ligurien verbracht.

Skulpturen und Gemälde im Museum Sant' Agostino in Genua

Feste und Veranstaltungen

Es wird viel und prächtig gefeiert in Ligurien. Abgesehen von den Festen des Kirchenjahres und der Heiligen sind es besonders die historischen Feste, die mit Prunk und Kreativität in Szene gessetzt werden.

Festkalender

Januar: **Sebastiansfest** in Dolceacqua und Camporosso (So nach dem 20. Jan.). Ein mit farbigen Hostien geschmückter Lorbeerbaum wird durch den Ort getragen.

März/April: **Osterprozessionen** am Gründonnerstag und Karfreitag in Ceriana, am Karfreitag in Savona und in Triora.

Mai/Juni: **Festa della barca in Baiardo** (Pfingstsonntag), Tanz um einen mit Zweigen geschmückten Baumstamm, der an die tragische Liebesgeschichte der Tochter des Burgherrn zu einem Kapitän erinnert.

Infiorata in Diano Marina und Sassello (So nach Fronleichnam), Die Straßen der Städtchen verwandeln sich in Blumenteppiche.

24. Juni: **Johannisfest** in Genua, Prozession und Feuerwerk zum Patronatsfest.

1.–3. Juli: **Nostra Signora di Montallegro** in Rapallo, Prozession und Feuerwerk an der Wallfahrtskirche.

29. Juli: **Cristo degli Abissi** in San Fruttuoso, Taucher begeben sich zur bronzenen Christusstatue auf dem Meeresgrund hinab.

August: **Stella Maris in Camogli** (1. Sonntag im August), Marienfest mit Bootsprozession.

Dezember: **Santa Lucia in Toirano** (13. Dez.), Luciafest mit Fackelzug.

Echt gut!

Die farbenprächtigsten Feste

■ **Zitronenfest** in der französischen Nachbarstadt Menton (Februar und März), eine Art brasilianischer Karneval am Mittelmeer mit schillernden Paraden und Umzügen ❯ S. 129.

■ **Battaglia dei fiori** in Ventimiglia (Wochenende Mitte Juni), Höhepunkt des zweitägigen Festes ist ein Umzug mit blumengeschmückten Wagen.

■ **Festa del marchesato** in Finale Ligure (2. Wochenende im Juli), Pferderennen und historischer Umzug.

■ **Palio del Golfo** in La Spezia (1. Sonntag im August), Fest auf dem Meer mit Bootsregatta und Feuerwerk.

■ **Corteo Storico** in Ventimiglia (2. Sonntag im August), Umzug in historischen Kostümen.

■ **Torta dei Fieschi** in Lavagna (14. August), Fest zur Erinnerung an eine mittelalterliche Fieschi-Hochzeit mit Riesentorte und Ritterturnier.

■ **Regata dei Rioni** in Noli (2. Sonntag im September), Ruderregatta der vier Stadtteile mit historischem Umzug.

Essen und Trinken

Auch wenn in den Küstenrestaurants Fisch in allen Variationen serviert wird, ist die echte ligurische Küche in erster Linie eine Bauernküche. Trotz der 300 km langen Meeresküste der Region ist die Küche stark vom Hinterland und seinen Produkten geprägt. Hauptzutat des ligurischen Leib- und Magengerichtes *Trenette con pesto* ist Basilikum. Daneben gehören Knoblauch, geriebener Parmesan und Olivenöl zu den Zutaten der Pesto-Sauce (siehe unten).

Eine besondere Rolle spielen die *ceci*, kleine gelbe Kichererbsen, die eigentlich aus orientalischen Kochtöpfen stammen. Sie bilden die Grundlage für zwei re-

Pesto alla Genovese – das Original

Am besten nimmt man dazu vier Bund großblättriges, stark duftendes Sommerbasilikum. Die abgezupften, gewaschenen und trocken getupften Blätter vermischt man mit 5–6 gehackten Knoblauchzehen, etwas grobem Meersalz, 50 g Pinienkernen, je 3 gehäuften Esslöffel frisch geriebenen Pecorino und Parmesan sowie ca. 5 Esslöffel Olivenöl und mahlt alles im Mörser zu einer cremigen Paste.

Bevor man das Pesto an die Pasta gibt, rührt man noch ein wenig Nudelwasser in das Pesto ein, dann haftet es besser. Buon appetito!

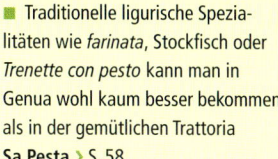

Die besten Trattorien und Restaurants

■ Traditionelle ligurische Spezialitäten wie *farinata*, Stockfisch oder *Trenette con pesto* kann man in Genua wohl kaum besser bekommen als in der gemütlichen Trattoria **Sa Pesta** ❯ S. 58.

■ Das Ambiente ist eher kühl, aber die kreative Küche vom Meisterkoch begeistert: Ligurische Gerichte mit internationalem Einschlag serviert **The Cook** in Nervi, eines der angesagtesten Restaurants im Raum Genua ❯ S. 62.

■ **Il Pitosforo** ist ein Portofino-Mythos. Auf der Terrasse direkt am Hafen genießt man exquisite Speisen zu gehobenen Preisen ❯ S. 67.

■ Im Restaurant **Gli amici** kommen bodenständige Gerichte auf den Tisch – alles bio, wir sind im Ökodorf Varese Ligure ❯ S. 71.

■ **Cappun Magru** in Manarola, in dem Küchenchef Maurizio Bordoni wirkt, gilt als beste Adresse in den Cinque Terre ❯ S. 80.

■ Wer gern etwas ausgefallen speist, wird seine Freude haben an Seeigeln mit Wachteleiern und Lauch im Feinschmeckerlokal **Paolo e Barbara** in San Remo ❯ S. 122.

■ Gediegene Atmosphäre in wunderschöner Lage und alle Gerichte frisch zubereitet: Ein Menu im Gourmet-Restaurant **Balzi Rossi** mit Blick auf Menton wird man nicht so schnell vergessen ❯ S. 128.

Es ist angerichtet!

gionaltypische Gemüsesuppen: die kräftige *Mesciua* und die *Zimino di ceci* sowie für zwei klassische regionale Gerichte: die *Panissa* und die *Farinata*. Bei der Panissa handelt es sich um eine Art Kichererbsenpüree, das in Scheiben geschnitten und in Öl gebraten wird, bei der Farinata um einen dünnen Fladen aus Kichererbsenmehl, den man in volkstümlichen Farinotti-Lokalen kosten sollte. Eine andere typische Spezialität dieser ligurischen Armeleuteküche ist die *Focaccia*, ein aus Brotteig geformter, mit Öl beträufelter und im Ofen gebackener Fladen, das ligurische Pendant zur Pizza.

Beliebte Vor- oder Hauptgerichte sind pikante Torten, von denen die mehrschichtige, mit Gemüse, Eiern und anderen Zutaten gefüllte *Torta pasqualina* die bekannteste ist. Bei den Fleischgerichten wird Hühnern und Kaninchen der Vorzug gegeben, bei den Fischen sind die gefüllten Sardinen und der variantenreich zubereitete Stockfisch beliebt.

Zu einem guten Essen gehört auch ein guter Tropfen. An Liguriens sonnigen Hängen reifen der weiße, süffige *Cinque Terre*, der rote, vollmundige *Rossese di Dolceacqua* und der weiße und rote, leicht fruchtige *Colli di Luni*.

Shopping

Freitagsmarkt in Ventimiglia

Der riesige Wochenmarkt in Ventimiglia einer der größten Italiens, ist ein wirklicher Super-Markt. In den Straßen der Neustadt drängen sich am Freitagvormittag Tausende Menschen – viele kommen von weither angereist. Erwerben kann man fast alles: Lebensmittel, alle Arten von Kleidung und Gebrauchsgegenständen, Lederwaren, Uhren, Schmuck, CDs, Kosmetika und Spielzeug: Ventimiglia, Lungo Roia, Via Rossi, Via Milite Ignoto, Via Vittorio Veneto, Freitag 8–17 Uhr.

Originelle Markthallen

Neben den Lebensmittelmärkten, die meist gegen Mittag enden, betreiben viele größere Städte auch sehenswerte Markthallen, die ganztägig geöffnet sind. Besonders viel Atmosphäre besitzt der **Mercato orientale** an der Piazza Colombo in Genua. An den Ständen findet man alles, was das Feinschmeckerherz begehrt: Pecorino, getrocknete Steinpilze, Salami und Wildschweinwürste, hausgemachte Teigwaren und Olivenpaste, Artischockensauce und Trüffelcreme, dazu die marktschreierischen Stimmen der Händler – ein rundum sinnenfrohes Schauspiel: auf der Piazza Colombo, Mo–Sa 8–19 Uhr.

Alles, was das Feinschmeckerherz begehrt: Markt von Ventimiglia

Weitere originelle Markthallen gibt es in folgenden Städten:

■ **Ventimiglia**
Piazza Garibaldi][Mo–Sa 8–13 Uhr

■ **San Remo**
Piazza Eroi Sanremesi
Mo–Fr 8–13, Sa 8–19 Uhr

■ **Savona**
Via Giuria][Mo–Sa 8–19 Uhr

■ **La Spezia**
Piazza Cavour][Mo–Sa 8–13 Uhr

Antiquitäten- und Trödelmärkte

Bauernmöbel und Musikinstrumente, Perlenketten und barocke Spiegel – an jedem ersten Wochenende im Monat füllen sich die Plätze und Gassen von **Finalborgo** mit den vielen Dingen, die Sammlerherzen höher schlagen lassen. Es ist Antiqitätmarkt im ältesten Stadtteil von **Finale Ligure**. Rund 130 Händler kommen jeweils am zweiten Wochenende im Monat nach **Chiavari**, um alte Möbel, Seekarten, Buchdrucke, Lampen und sonstige Sammlerstücke zu verkaufen.

Echt gut!

Die interessantesten Trödelmärkte

■ **Sarzana:** Zur *Soffita in strada* in den ersten beiden Augustwochen kommen Trödler aus ganz Italien › S. 85.
■ **Finale Ligure:** Der große Antiquitätenmarkt findet im Stadtteil Finalborgo, Piazza Garibaldi und Centro Storico, am ersten Wochenende im Monat von 8 bis 18 Uhr statt › S. 98.
■ **Taggia:** Jeweils am 3. Sonntag im Monat findet in der Via Soleri von 9 Uhr bis zum Sonnenuntergang ein netter Trödel- und Antiquitätenmarkt statt › S. 131.
■ **Chiavari:** Rund 130 Antquitätenhändler verkaufen Möbel, Seekarten, Lampen etc. in der Via Martiri della Liberazione/Via Vittorio Veneto. Jeweils am 2. Wochenende im Monat, 9–20 Uhr › S. 68.
■ **Rapallo:** An jedem 4. Sonntag im Monat lockt der Antiquitäten- und Gebrauchtwarenmarkt *Il tarlo* viele Besucher an › S. 68.

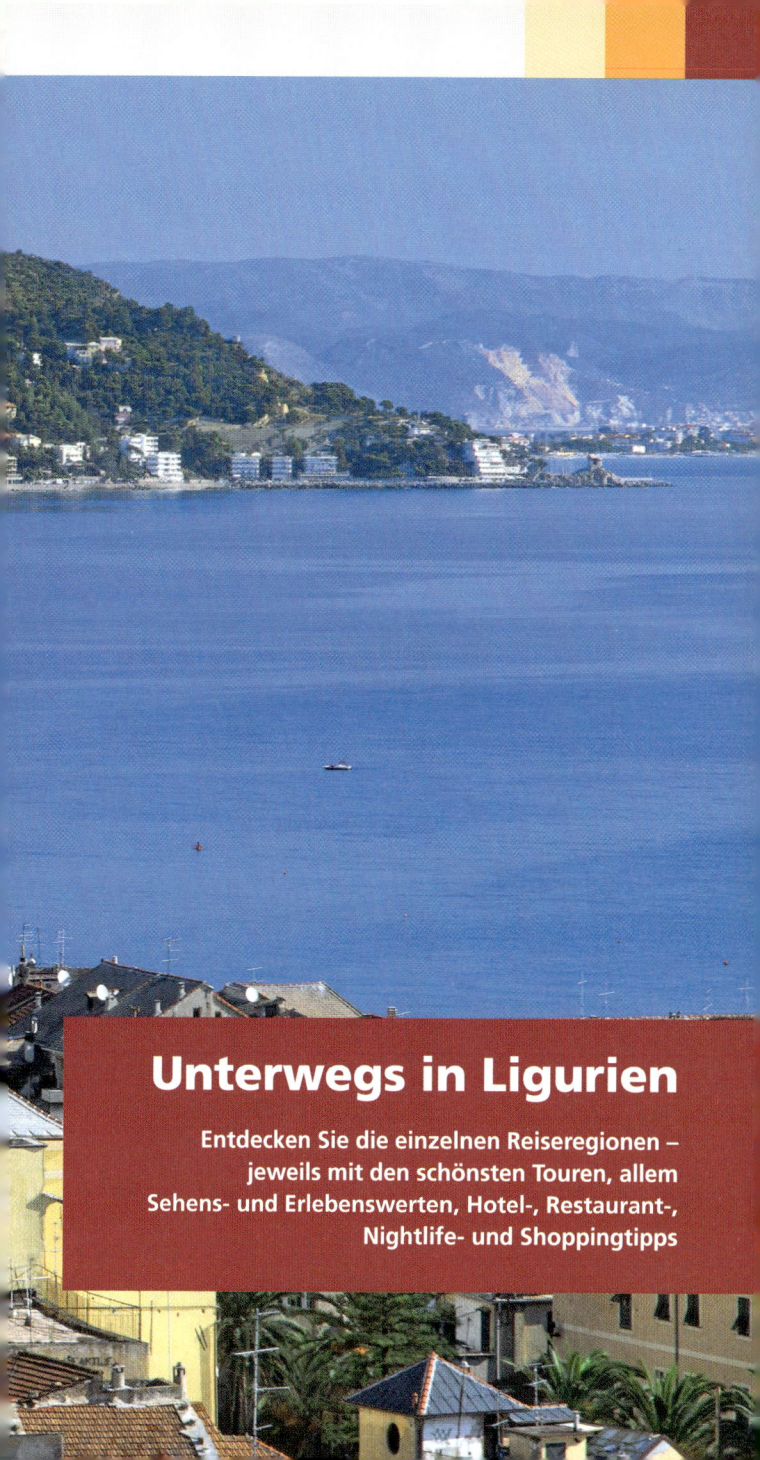

Unterwegs in Ligurien

Entdecken Sie die einzelnen Reiseregionen –
jeweils mit den schönsten Touren, allem
Sehens- und Erlebenswerten, Hotel-, Restaurant-,
Nightlife- und Shoppingtipps

Genua und die Riviera di Levante

Nicht verpassen!

- Fische streicheln im Acquario in Genua
- Cappuccino trinken in Genuas ältestem Kaffeehaus »Klainguti«
- Die Fenster der bunten Stadtfassaden von Camogli zählen
- Im glasklaren Wasser vor der Abtei San Fruttuoso schwimmen
- Den Meerblick von der Wallfahrtskirche Madonna delle Grazie bei Chiavari genießen

Zur Orientierung

Die vielen prächtigen Pallazi und Prachtbauten haben Genua vor Jahrhunderten den Beinamen La Superba, »die Stolze«, eingebracht. Die ligurische Haupt- und Hafenstadt besitzt einen – oft verkannten – einzigartigen Reichtum an Kunstschätzen, Museen, Kirchen und Palästen, eine interessante Altstadt und einen beispielhaft restaurierten Alten Hafen. Um sie alle zu bewundern, müsste man Tage zubringen, zumal Pegli und Nervi und andere Orte in der Umgebung Genuas zu einer spannenden und geschichtsträchtigen Entdeckungstour einladen.

Östlich von Genua erstreckt sich Liguriens Bilderbuchküste, die Riviera di Levante mit ihren malerischen Steilküsten vor dem tiefblauen ligurischen Meer. Hier liegen reizvolle, stille Naturparks wie die Halbinsel von Portofino und lebhafte berühmte Nobelorte, wo die Reichen und Schönen Urlaub machen, dicht nebeneinander; klangvolle Namen wie Santa Margherita und Rapallo, gefolgt von stimmungsvollen Seebädern wie Chiavari, Sestri Levante und Levanto.

Die größte Attraktivität an der Levanteküste besitzen wahrscheinlich die Cinque Terre, die fünf Dörfer, die wegen ihres einzigartigen Flairs und ihrer pittoresken Lage an der hier besonders steilen und fast unzugänglichen Felsküste wohl zu den schönsten Postkartenmotiven Liguriens gehören. Am besten lässt sich die natürliche Schönheit dieses zum UNESCO-Weltkulturerbe aufgestiegenen Landstrichs wandernd erkunden.

Touren in der Region

Villen, Festungen und eine pompöse Totenstadt

3 Genua › Pegli › Staglieno › Genuas Festungen › Albaro › Nervi

Länge: ca. 40 km
Dauer: 1–3 Tage
Praktische Hinweise: Als ganzes fährt man die Tour am besten mit dem eigenen Fahrzeug. Teilstrecken kann man auch gut mit Bahn oder Bus zurücklegen.

Ausgangspunkt für die Tour rund um Genua ist die Villen- und Parkstadt **Pegli** › S. 59. Ein Abstecher ins grüne Hinterland zum Wallfahrtsheiligtum **Acquasanta** › S. 60 lässt sich dort hervorragend in einem der Restaurants mit guter ligurischer Küche abrunden. Die Autobahnausfahrt Pegli liegt 3 km entfernt bei Mul-

Das Portal der Kathedrale in Genua

tedo. Kurz hinter Pegli überfährt man bei Sampierdarena die 1182 m lange **Morandi-Brücke**, die mit ihren hohen Pfeilern das Polcevera-Tal in einer Höhe von 45 m überspannt. In der Nähe der Ausfahrt Genova Est liegt *Staglieno › S. 60 und sein klassizistischer Marmor-Friedhof.

Nur wenige Kilometer nordwestlich von Staglieno kann man von Pino Soprano (bergab) oder von Campi aus (bergauf) in jeweils ca. einer halben Stunde zum *Forte Diamante › S. 61 wandern (gegen Ende von beiden Seiten steile Serpentinen).

Wer eine größere Wanderung zu den über *Genua liegenden Festungen › S. 61 unternehmen will, startet vom Forte Diamante in Richtung Küste (bergab) zu den Festungen **Forte Fratello Minore**, **Forte Puin**, *Forte Sperone,

Forte Castellaccio und geht dann weiter bis zum *Righi, Genuas beliebtem Aussichtspunkt (Gehzeit ca. 3 Std.).

Wer nun nicht mehr die ganze Strecke wieder zum Auto zurückwandern will, fährt mit der 1,5 km langen **Righi-Zahnradbahn** *(funicolare)* hinunter zur Talstation Largo Zecca (in der Altstadt zwischen Via Balbi und Via Garibaldi), nimmt dort den Bus 34 zur Piazza Manin und besteigt etwas oberhalb davon den »Trenino di Casella«. Mit 30 km/h schraubt sich die historische Schmalspurbahn bis zur Endstation **Casella** hoch und passiert dabei nach ca. 20 Min. auch die Ausgangsorte **Campi** und **Pino Soprano** (letzter Zug um 19.32, So 19.10 Uhr, www.ferroviagenovacasella.it). Sportliche können die Tour auch mit dem Mountainbike machen.

3 Villen, Festungen und eine pompöse Totenstadt Genua › Pegli › Festungen (Parco Urbano delle Mura) › Albaro › Nervi

4 Auf den Spuren der Reichen und Schönen Recco › Camogli › Naturpark Portofino › Abtei San Fruttuoso › Santa Margherita Ligure › Portofino › Rapallo

Den stilvollen Abschluss der Rundtour bilden die östlichen Villenvororte Genuas, das elegante **Albaro** und ***Nervi** › S. 62 mit seinen schönen Parks und der romantischen Uferpromenade.

Auf den Spuren der Reichen und Schönen

4 **Recco › Camogli › Abtei S. Fruttuoso › S. Margherita Ligure › Portofino › Rapallo**

Länge: 26 km (gesamt, inkl. Abstecher nach Portfino)
Dauer: 2–3 Tage
Praktische Hinweise: Von Recco aus kommt man bequem mit dem Bus nach Camogli, schöner jedoch mit dem Boot, das weiter bis zur Abtei S. Fruttuoso fährt.

! Portofino hat nur eingeschränkte Parkmöglichkeiten, Tagesausflügler sollten dorthin besser auf Bus oder Boot umsteigen. Vom Bahnhof in S. Margherita Ligure (Bahnlinie Genua – La Spezia) fährt alle 15 Min. ein Bus nach Portofino, und mehrmals täglich verkehren Boote von Rapallo über S. Margherita nach Portofino.

Ohne Abstecher kann man die Tour leicht in einem Tag fahren, denn von Recco bis Rapallo sind es nur 16 km. Doch dann ist sie auch nur halb so schön. Den Auftakt bildet **Recco** › S. 63 mit seinen etwas versteckten Vorzügen. Einer davon ist seine günstige Lage als Standort für die Erkundung der ****Halbinsel von Portofino** › S. 65 mit ihren ro-

5 **Badestrände und ein ökologisches Modelldorf** **Chiavari › Lavagna › Sestri Levante › Varese Ligure › Levanto**

mantischen Orten und schönen Wanderwegen.

*Camogli › S. 64 präsentiert seine fotogenste Ansicht vom Meer aus, weshalb man für den Abstecher zur *Benediktiner-Abtei San Fruttuoso › S. 65 unbedingt eine Bootsfahrt einplanen sollte. Hautnah erlebt man die Halbinsel von Portofino bei einer Wanderung vom netten Dörfchen S. Rocco aus (großer Parkplatz am Ortsrand).

Der direkte Weg zur Abtei (3 Std.) ist nur für trittsichere Wanderer geeignet (gutes Schuhwerk!), während der ca. 1 ½ stündige Weg von S. Rocco zur weit ins Meer ragenden Felsnase Punta Chiappa keine größeren Anforderungen stellt. Dort hält mehrmals am Tag das Boot aus Camogli bzw. Recco (nicht bei starkem Seegang). Von der Abtei kann man auf landschaftlich reizvollem Weg entlang der Küste (teilweise nahe am Steilabbruch) in zwei Stunden bis Portofino wandern.

Die Nachbarorte *Santa Margherita Ligure › S. 66 und Rapallo › S. 68 liegen nur einen Katzensprung von Camogli entfernt. Ein Muss ist der Ausflug ins nahe **Portofino › S. 67 mit seiner bezaubernden kleinen Bucht.

Badestrände und ein ökologisches Modelldorf

Länge: ca. 80 km Autostrada (mit Varese Ligure)
Dauer: 2–3 Tage
Praktische Hinweise: Die Via Aurelia und die Autobahn machen von Sestri Levante bis La Spezia einen großen Bogen um die Steilküste. Bis Deiva Marina kommt man auch auf der Küstenstraße. Sie führt immer wieder durch ehemalige, schmale Eisenbahntunnel, die nur in einer Richtung – der Takt ist durch Ampeln geregelt – befahren werden können. Zu allen anderen Orten kommt man nur über kurvenreiche Sträßchen im Hinterland.

Hinter der modernen Kulisse Chiavaris › S. 68 verbirgt sich eine sehenswerte, verwinkelte Altstadt. Wen die schönen Strände der Seebäder Lavagna und Cavi nicht locken, der kann für die kurze Strecke nach *Sestri Levante › S. 70 auch die Autostrada Azzurra (Blaue Autobahn) benutzen. Von hier aus lohnt sich ein Abstecher ins Hinterland. Abseits vom sommerlichen Trubel an der Küste führt eine gut ausgebaute Straße durch grüne Hügel und Berge zum 30 km entfernten *Varese Ligure › S. 71, einem sorgfältig restaurierten mittelalterlichen Dorf. Der Küstenabschnitt zwischen Sestri Levante und Levanto › S. 71 ist landschaftlich sehr reizvoll mit kleinen Felsbuchten zwischen grünen Hügeln und einem schönen langen Sandstrand bei Moneglia.

Unterwegs in Genua & Umgebung

1 *Genua

Genuas große **Altstadt** hat das typische Flair mediterraner Hafenstädte. Durch die schmalen Gassen treiben Menschen aus aller Welt und aus allen sozialen Schichten. Glanz und Verfall liegen hier dicht beieinander. Neben bröckelnden Fassaden stehen prunkvolle Palazzi, neben eleganten Boutiquen und stilvollen Cafés bieten winzige Imbissbuden ihre Snacks zum Verzehr. Im Sommer pulsiert das Leben auf den Straßen bis spät in die Nacht.

Drei Großereignisse brachten Subventionen in Milliardenhöhe nach Genua: die Kolumbusfeiern 1992, der G-8-Gipfel 2001 und die Wahl zur Europäischen Kulturhauptstadt 2004. Zu jedem Anlass wurden Teile der Altstadt restauriert.

Der aus Genua stammende Stararchitekt Renzo Piano verwandelte das Gesicht des Alten Hafens in eine attraktive Flaniermeile mit Cafés, Kinos und viel besuchten Museen. Fußgängerzonen entstanden, neue Galerien, Lokale und Musikclubs öffneten ihre Pforten, das historische Zentrum wurde wieder als Wohngebiet attraktiv.

Geschichte

In der 2500-jährigen wechselvollen Geschichte Genuas hat der Hafen immer die Hauptrolle gespielt. Schon in vorrömischer Zeit betrieb Genua lukrativen Seehandel mit Griechen, Etruskern, Phöniziern und Kelten. Seinen

Prachtvolle Architektur: Dom San Lorenzo

Granarolo

Via dei Lagaccio

Via del G...

P.za Ferreira

Corso Firenze

Corso

Corso Dogali

Avezzana

Corso Dogali

Staz. F.S. Piazza Principe

P.za Acquaverde

V. Brignole De-Ferrari

Via Balbi

P.za Principe

A

Via S. Benedetto

Via Doria

S. Giovanni di Prè

Pal. dell'Università

Lanterna

Adua

Via

Via

Strada

Via di Prè

Pal. Reale

B Via Balbi

SS. Annunziata del Vastato

Cesare

Imperiale

Sopraelevata

Antonio

J Via di Prè

P.za d. Nunziata

Calata agli Zingari

Staz. Marittima

K

Ponte dei Mille

Ponte Andrea Doria

Ponte Parodi

Gramsci

Via d. Campo

Aldo

I

Ponte Calvi

Portici di Sottoripa

Bacino

Acquario
Ponte Spinola

P.za Caricamento

Porto Vecchio

Biosphera

Moro

Pal. San Giorgio

Molo

Vecchio

Via del

V. Filippo Turati

Via

Mura d.

Via del Molo

SS. Cosma e Damiano

Grazie

P.za Cavour

Torre d. Embriaci

Bacino delle

Mercato del pesce

S. Maria di Castello

Grazie

Corso

Genova (Genua)

0   200m

Righi

Corso

Firenze

Corso Firenze

Corso Carbonara

C. Carbonara

Corso

Caffaro

Paganini

Museo Americanistico F. Lunardi

S. Anna

L. gd. d.
Zecca

P.za
G. Villa

Spianata
di Castelletto

Galleria Garibaldi

Belvedere
Montaldo

Via Cairoli

Pal.
Bianco

Pal. Doria-Tursi
(Municipio)

C Via Garibaldi

Museo
Chiossone

S. Siro

P.za
d.Portello

Via

Pal.
Rosso

Pal.
Podestà

Via
Pal.
Spinola

Pal. Parodi

Pal. Cambiaso

S. Luca

Pal. Doria

P.za
Fontane
Marose

Maddalena

P.za
Lavagna

Loggia dei
Mercanti

Via Macelli

Via Luccoli

Pal. Spinola
dei Marmi

S. Maria
delle Vigne

Via XXV Aprile

Via Roma

S. Pietro
in Banchi

Galleria Mazzini

Case
dei Doria

G S. Matteo

F

V. S. Lorenzo

Piazza
Pal. Ducale

Teatro
Carlo Felice

Giustiniani

P.za
Matteotti

D

Via
XX Settembre

San

S. Ambrogio

V. P.ta Soprana

Via Dante

Mercato orientale

Bernardo

S. Donato

Chiostro
di S. Andrea

H

Str. S. Agostino

Porta Soprana

Casa di
Colombo

E

P.za Sarzano

M. Quadrio

Via

Fieschi

Ravasco

Via

P.za Carignano

Aufstieg als See- und Handelsmacht erlebte es im 12. und 13. Jh., als neue Seeverbindungen den genuesischen Kaufleuten ertragreichen Handel ermöglichten und es Genua gemeinsam mit Pisa gelang, die muslimischen Sarazenen aus Korsika und Sardinien zu vertreiben.

Eifersüchteleien führten allerdings zu langen Seekriegen zwischen den beiden Seerepubliken, die Genua dann 1287 für sich entschied und in der Folge zur Großmacht aufstieg. Doch statt Reichtum und Macht zu genießen, befehdeten sich nun die einheimischen Familien erbittert. Nach Siegen und Niederlagen gegen die Venezianer (1378–81) musste sich die Stadt der Schutzherrschaft unterschiedlichster Herren unterstellen. Doch da trat Andrea Doria auf den Plan, ein kriegserprobter Admiral, der Genuas Selbstständigkeit wiederherstellte, um Genua selbst bis 1560 als absoluter Herrscher zu regieren. Im 16. und 17. Jh. erlebte die Stadt noch einmal eine Blütezeit mit einen Bauboom ohnegleichen, bevor es nach der mehrmals wechselnden

A Villa del Principe

B Via Balbi

C Via Garibaldi

D Piazza De Ferrari

E Piazza Dante

F Dom San Lorenzo

G Piazza San Matteo

H Castello-Viertel

I Alter Hafen

J Via di Pré

K Galata Museo del Mare

Herrschaft von Franzosen, Österreichern und dem Haus Savoyen 1860 schließlich Teil des neuen geeinten Italiens wurde. Schien Genua in den 1980er-Jahren noch in einem unaufhaltsamen Niedergang begriffen zu sein, so hat sich diese Situation grundlegend zum Positiven verändert.

⚠ Für Museumsfans lohnt in Genua die **Sammelkarte für 22 Museen**, darunter die wichtigsten Palazzi dei Rolli, nicht jedoch das Aquarium. Das Angebot **musei + bus** ermöglicht dazu die freie Benutzung der Stadtbusse im Großraum Genua.

Villa del Principe Ⓐ

Am Hauptbahnhof-Vorplatz grüßt die monumentale Statue von Christoph Kolumbus, dem berühmtesten Sohn der Stadt, die Ankommenden. An der Piazza Principe liegt auch der Zugang zur Fürstenvilla, der Villa del Principe, nach ihren Besitzern auch Palazzo Doria-Pamphili genannt. Mit ihrem Park und den jüngst restaurierten Sälen (Fresken von Perin del Vaga, einem Schüler Raffaels, und Wandtteppichen aus dem 15.–16. Jh.) macht die Palastanlage ihrem alten Namen, das »Paradies«, wieder Ehre (Tel. 01 02 55 09, www.dopart.it/genova, Di–So 10–17 Uhr). Von der Piazza Principe sollte man die **Zahnradbahn zum Granarolo** besteigen, einem großartigen Aussichtspunkt. Aus 220 m Höhe blickt man auf die Altstadt und den Hafen mit dem Leuchtturm Lanterna.

Echt gut!

*Via Balbi Ⓑ

Unermesslichen Reichtum müssen die Balbi angesammelt haben, als sie zu Beginn des 17. Jh. die Via Balbi anlegen und mit sieben Familienpalästen bestücken ließen. Der riesige ***Palazzo Reale** wurde 1643–55 errichtet und zu Beginn des 18. Jh. durch den berühmten römischen Barockarchitekten Carlo Fontana erweitert. Das Museum des Königlichen Palastes gestattet den Blick in die prunkvollen Wohnräume der Beletage, den berühmten Spiegelsaal und den Thronsaal der Savoyer. Die Gemäldegalerie zeigt u. a. Werke von venezianischen Meistern des 16. und 17. Jh. (www.palazzorealegenova.it, Di, Mi 9–13.30, Do–So 9–19 Uhr).

UNESCO-Weltkulturerbe: ***Palazzi dei Rolli

Die drei Palazzi Rosso, Bianco und Doria-Tursi gehören zu einem Ensemble von 42 Adelspalästen, die die UNESCO im Jahr 2006 als »Palazzi dei Rolli« in die Liste des Weltkulturerbes aufgenommen hat. Dabei handelt es sich um herausragende Gebäude aus dem 16. bis 18. Jh. in den »Strade nuove« (Via Balbi und Via Garibaldi), die auf die wohlhabendsten und einflussreichsten Genueser Adelsfamilien zurückgehen. Der Name leitet sich von der offiziellen Liste *(rollo)* der Adelspaläste ab, die die damalige Senat der Republik Genua 1576 erstellte, und die auserwählt waren, Staatsgäste zu beherbergen.

Den Palazzo Reale umgibt ein reizvoller Park

Gegenüber erhebt sich der **Palazzo dell'Università** (17. Jh.), ursprünglich ein Jesuitenkolleg mit einem schönen Innenhof.

Die Via Balbi mündet auf die Piazza della Nunziata mit der Kirche **Santissima Annunziata del Vastato** (16./17. Jh.). Durch eine klassizistische Säulenhalle (19. Jh.) gelangt man in den mit Marmorintarsien, Stuck und Fresken geschmückten Kirchenraum, dessen Altarbilder eine kleine Pinakothek genuesischer Malerei des 17. Jhs. bilden (tgl. 8–12, 15.30–20.30 Uhr).

*Via Garibaldi 🅖

Als Elitequartier wurde Genuas Prachtstraße im 16. Jh. angelegt. Hier residierte alles, was Rang und Namen hatte. Hinter den strengen Fassaden der Paläste verbergen sich wunderschöne Innenhöfe und prächtige Innenräume mit reichen Kunstschätzen.

Die ***Palazzo Rosso** (17. Jh.), ***Palazzo Bianco** und ***Palazzo Doria-Tursi** (18. Jh.) bilden heute einen zusammenhängenden Museumskomplex, die **Musei di Strada nuova,** mit Gemälden berühmter Künstler, darunter große Namen wie Dürer, Veronese, van Dyck, Rubens, Caravaggio oder Murillo. Ein eigener Raum ist der Violine von Niccolò Paganini gewidmet, einem weiteren berühmten Sohn der Stadt (1782–1840), der schon zu Lebzeiten Musikgeschichte schrieb. Unübertroffen ist der Panoramablick von der Dachterrasse des Palazzo Doria-Tursi (www.museidistradanuova.it, Di bis Fr 9–19, Sa/So 10–19 Uhr).

Wer nicht in Museumslaune ist und trotzdem einen ==spektakulären Panoramablick auf Genuas Dächer, Türme und den Hafen== haben möchte, kann mit dem Aufzug zur Spianata Castelletto

Auf der Piazza De Ferrari

(Belvedere Montaldo) hinauffahren. Einstieg ist an der Piazza Portello hinter der Via Garibaldi.

Piazza De Ferrari ⓓ

Das Herz des im 19. Jh. entstandenen modernen Stadtzentrums ist die Piazza De Ferrari mit einem monumentalen Bronzebrunnen (1934) in der Mitte und umgeben von Prunkbauten des Historismus, in denen überwiegend Großbanken und die Neue Börse residieren. Der verkehrsberuhigte Platz ist Knotenpunkt von Genuas Einkaufsstraßen, der Shoppingmeile **Via XX Settembre**, deren Arkaden auch abends ein beliebter Treff sind, der exklusiven **Via Roma** mit der parallel zu ihr verlaufenden Einkaufspassage **Galleria Mazzini** (1872) und der beschaulichen **Via XXV Aprile**.

Hinter der Kunstakademie ragt markant der kubische Bühnenturm des **Teatro Carlo Felice** auf.

Das mit der Akademie als klassizistisches Ensemble errichtete Opernhaus (1827) wurde im Zweiten Weltkrieg bis auf die Außenmauern zerstört und zum Kolumbusjahr 1992 vom Stararchitekten Aldo Rossi als postmodernes Theater wieder aufgebaut.

Die Westseite der Piazza De Ferrari wird von der reich gegliederten Seitenfassade des ***Palazzo Ducale** beherrscht. Nach seiner Restaurierung 2002 strahlt der Dogenpalast der genuesischen Republik wieder in seiner einstigen Pracht. Eindrucksvoll sind die imposanten Innenhöfe, die beiden opulent mit Stuck, Fresken und Gemälden dekorierten Ratssäle. Der Dogenpalast dient heute als Kulturzentrum für Ausstellungen, Konzerte, Messen und Kongresse (tgl. geöffnet, Wechselausstellungen Di–So 9–19, Tickets 9 bis 18 Uhr, Tel. 01 05 57 40 00, www.palazzoducale.genova.it).

Piazza Dante ❺

An der Piazza steht die **Casa di Cristoforo Colombo**, in welcher der 1451 in Genua geborene Christoph Kolumbus seine Kindheit verbracht haben soll (Sa/So 9–12, 14–18 Uhr, Tel. 01 02 46 53 46). Hinter dem benachbarten romanischen Kreuzgang **Sant'Andrea** mit schönen Kapitellen (12. Jh.) sieht man die beiden Türme des gut erhaltenen mittelalterlichen Stadttors **Porta Soprana** (12. Jh).

**Dom San Lorenzo ❻

Auf halbem Weg zwischen Porta Soprana und Hafen erhebt sich die 1118 geweihte Kathedrale Genuas. Nach französischen Vorbildern wie Chartres und Rouen entwarfen französische Baumeister im 13. Jh. die Fassade mit den drei gotischen Portalen. Eine Attraktion im linken Seitenschiff ist die *Cappella di San Giovanni Battista**. Die Renaissancekapelle wurde im 15. Jh. für die Asche von Genuas Stadtpatron, Johannes den Täufer, errichtet. Im *Museo del Tesoro di San Lorenzo** kann man den Domschatz mit Gold- und Silberschmiedearbeiten aus dem 9.–19. Jh. bewundern, darunter auch den Schrein für die kostbare Reliquie des Täufers (Mo–Sa 9–12 und 15–18 Uhr, www.museosanlorenzo.it).

*Piazza San Matteo ❻

Ganz im Zeichen der in Genua allgegenwärtigen Familie Doria steht die Piazza San Matteo, einer der schönsten Plätze der Altstadt. Vom 12. Jh. an hatte die Patrizierfamilie diesen Platz zu ihrem Hauptquartier gemacht. Martino Doria ließ hier 1125 die Kirche San Matteo errichten, an deren Stelle 150 Jahre später das heutige gotische Bauwerk entstand (tgl. 8–12, 15–18 Uhr). In der Krypta befindet sich das Grab des großen Andrea Doria. Neben der Kirche entstanden eine Reihe von Pallazzi, so der **Palazzo di Branca Doria**, der mächtige **Palazzo di Lamba Doria** und der **Palazzo di Andrea Doria** mit spätgotischen Elementen. Was die Piazza so einheitlich macht, sind die helldunklen Querstreifen, die sich wie ein Band über alle den Platz säumenden Bauwerke hinziehen.

Castello-Viertel ❼

Einen Abstecher lohnt Genuas ältestes Viertel Castello mit seinem Gassengewirr, vielen kleinen Läden und immer wieder hübschen Fassaden mit schönen Schiefer- und Marmorportalen, Reliefs und Stuckwerk. Die kleine Kirche **Santa Maria di Castello** (12. Jh.) ist ein Werk lombardischer Bau-

Santa Maria del Castello: Prachtentfaltung, so weit das Auge reicht

Panoramaaufzug des Bigo

meister und Steinmetze, der berühmten Magistri Antelami. Die
Dominikaner, die den Komplex
bis heute besitzen, ließen im
15./16. Jh. an die dreischiffige
Kirche ein Kloster mit drei Kreuz-
gängen anbauen. Hinter der be-
scheidenen Fassade erwarten die
Besucher schöne Gärten, fres-
kengeschmückte Wandelgänge
und weite Loggien. Ein kleines
Museum zeigt kostbare Kirchen-
bücher und Wiegendrucke (Museum und Kreuzgänge Mo–Sa
9–12 Uhr, 15.30–18.30 Uhr, So,
Fei 15.30–18.30 Uhr).

Neben der Kirche Santa Maria
di Castello steht der **Torre degli
Embriaci** (12. Jh.). Er ist der best-
erhaltene Turm von den einst
mindestens 66 Wohntürmen Genuas und hat noch als einziger
seine volle Höhe von 41 m.

Alter Hafen ❶ ✕

Der Alte Hafen (Porto Vecchio)
wurde von Renzo Piano, dem international renommierten Stararchitekten aus Genua, für das
Kolumbusjahr 1992 zu einem at-

traktiven Ausstellungs- und Erho-
lungsgelände umgebaut. Einen
fantastischen Rundblick eröffnet
der freischwebende Panorama-
Aufzug des **Bigo**, ein stilisierter
Hafenkran mit 40 m hohen, weißen Stahlarmen, an denen auch
das monumentale Zeltdach der
Piazza delle Feste aufgehängt ist.
Die Kinderstadt **Città dei Bambini** präsentiert hier Wissenschaft
und Technik zum Anfassen für
Kinder und Jugendliche (Di–Sa
11.30–18.30, Juli/Aug. 11.30 bis
19.30 Uhr, die Begleitung eines
Erwachsenen ist obligatorisch,
www.cittadeibambini.net).

Hauptattraktion des Alten Hafens ist das *Acquario. Es zeigt
über 5000 Meeres- und Süßwas-
sertiere in rund 50 Bassins und
Streichelbecken (Mo–Fr 9.30 bis
19.30, Einlass bis 18 Uhr, Sa, So
9.30–20.30, Einlass bis 19 Uhr,
Tel. 01 02 34 56 66, www.acquario
digenova.it). Ein ökologisches
Prestigeprojekt ist die **Biosfera**,
eine große schwimmende Glasku-
gel mit Pflanzen des Regenwalds,
die Renzo Piano 2001 neben dem
Aquarium verankern ließ.

An der **Piazza Caricamento**
gegenüber erhebt sich der farben-
prächtig restaurierte **Palazzo San
Giorgio** der Hafenbehörde. 1260
als Amtssitz des Stadthauptmanns
Guglielmo Boccanegra erbaut,
diente er als Rathaus, später als
Zollhaus. Im ersten Stock ist der
Saal des Capitano del popolo, der
mittelalterliche Rats- und Ver-
sammlungssaal, zugänglich. Die
Malereien der Fassade wurden
1990 nach dem Vorbild der Fres-

ken von Lazzaro Tavarone (17. Jh.) gemalt, die man bei den Restaurierungsarbeiten wiederentdeckte.

Bunt wie ein arabischer Souk sind die **Portici di Sottoripa,** unter deren Laubengängen alte genuesische Traditionen und farbig-kosmopolitisches Hafentreiben aufeinander treffen. Neben winzigen Läden findet man hier die friggitorie, Bratküchen, in denen man sich mit Stockfisch, Gemüse oder Kichererbsenfladen stärken kann.

Von den Portici aus gelangt man durch eine der Seitengassen zur Via San Luca und zum **Palazzo Spinola,** der 1580 einem mittelalterlichen Quartier aufgepfropft wurde. Mit seiner Stuckfassade und den reichen Innenräumen ist er das Musterbeispiel eines genuesischen Patrizierpalastes des 16. bis 18. Jhs. Die *Galleria Nazionale di Palazzo Spinola umfasst kostbare Kunstwerke des 14.–18. Jhs., unter denen die Gemälde »Ecce Homo« von Antonello da Messina, »Betende Madonna« von Joos van Cleve und »Porträt eines Knaben« von Anton van Dyck die Glanzlichter sind. Im dritten und vierten Stockwerk zeigt die **Galleria Nazionale della Liguria** ihre Meisterwerke, u. a. ein dreiteiliges Altarbild von Joos van Cleve und ein »Porträt von Gio Carlo Doria« von Peter Paul Rubens (Di–Sa 8.30–19.30, So 13.30–19.30 Uhr, www.palazzospinola.it).

Via di Pré ❶

In der Via di Pré und der parallel verlaufenden **Via Gramsci** steht alles zum Kauf: von geschmuggelten Zigaretten über Elektrogeräte bis hin zu Liebesabenteuern. Aber es wäre falsch, diese äußerst originelle Altstadtstraße mit ihren vielen Trattorien und *friggitorie* deshalb auszulassen. Alles wirkt hier neapolitanisch-südländisch, besonders die vielen Altärchen und Nischen mit Madonnen und Heiligen, die von den Hauswänden auf das nicht gerade fromme Treiben zu ihren Füßen herabschauen.

Vor 900 Jahren warteten an dieser Stelle Kreuzfahrer und Jerusalempilger auf die Abfahrt ihrer Schiff in der Pilgerherberge der zweistöckigen Kirche *San Giovanni di Pré, die zusammen

---

Farinotti und Farinate ✕

Die Farinotti sind Genuas sozialer Lebensnerv. Die kleinen oft namenlosen Lokale liegen abseits der touristischen Pfade. Die Genuesen frönen hier bei Wein und Häppchen bereits am Vormittag ihrer größten Leidenschaft: dem Reden über Gott und Fußball. In einem Farinotto treffen sich immer die gleichen Leute: Handwerker, Obstverkäufer, der Avvocato von nebenan und die Signora, die gerade ihre Einkäufe erledigt hat. Die Farinotti verdanken ihren Namen der Farinata, einer Art Fladenbrot aus Kichererbsenmehl, Olivenöl, Wasser und Salz auf einem Kupferblech im Holzofen gebacken. Man isst sie mit Kräutern, Sardinen, Zwiebeln oder was da ist.

mit dem Konvent der Templer und später der Malteser die **Commenda di Pré** bildet, ein vorbildlich restaurierter romanischer Gebäudekomplex des 12. Jhs.

*Galata Museo del Mare ⓚ

Am Nordende des Hafenbogens liegt das ebenfalls von Renzo Piani erbaute und 2004 eröffnete **Museo Nazionale del Mare**, das größte Schiffahrtsmuseum im Mittelmeerraum. Mit Modellen, Rekonstruktionen und Filmprojektionen veranschaulicht es die Geschichte der Seefahrt; Highlights sind zwei in Originalgröße nachgebaute Kriegs- und Handelsschiffe (März–Okt. Di–So 10 bis 19.30, Einlass bis 18, Nov.–Febr. Di–So 10–18, Einlass bis 16.30 Uhr, www.galatamuseodelmare.it).

Info

■ **Fremdenverkehrsamt (APT)**
Via Roma 11][**Tel. 0 10 57 67 91**
www.apt.genova.it
■ **Infobüros**
Hauptbahnhof][**Piazza Principe**
Tel. 01 02 46 26 33
tgl. 9.30–13, 14.30–18 Uhr
Flughafen Cristoforo Colombo
Tel. 0 10 01 52 47
Mo–Fr 9.30–13 und 13.30–17,
So 10–13.30 und 14.30–17 Uhr

Verkehr

■ Vom **Flughafen Cristoforo Colombo** (6 km westl. vom Zentrum) fahren Flughafenbusse zur Piazza Principe.
■ Die wichtigsten öffentlichen Verkehrsmittel der Verkehrsbetriebe AMT sind die **Stadtbusse**.

■ Die **Metropolitana** (M), Genuas neue U-Bahn, verkehrt bisher nur auf einer Linie und verbindet den nördlichen Vorort Rivarolo mit der Piazza Principe.
■ In einer an den Hang gebauten Stadt wie Genua gehören auch **Zahnradbahnen** *(funicolari)* und **Aufzüge** *(ascensori)* zu den gängigen Verkehrsmitteln. Um von einer Etage der Stadt in die nächsthöhere zu kommen, kann man die Zahnradbahnen Largo Zecca–Righi und Piazza Principe–Granarolo bzw. auch die diversen Aufzüge benutzen. Sie sind preiswert und verkehren von morgens bis nachts (so z. B. die ascensori Galleria Garibaldi–Belvedere Montaldo und Piazza del Portello–Belvedere Montaldo).
■ Seit 2007 verkehrt ein **Wasserbus** (NaveBus) zwischen dem Alten Hafen und Pegli.
■ Informationen und Fahrpläne allgemein findet man im Internet unter: www.amt.genova.it (um die Bus-Pläne zu erhalten: Rete e orari – Bus – Linea und dann die Bus-Nr. eingeben).

Hafenrundfahrt

Von der Calata agli Zingari (neben der Stazione Marittima) aus kann man zu einer knapp einstündigen Hafenrundfahrt starten. Eine **günstige Alternative zur Hafenrundfahrt** ist der Wasserbus (NaveBus) vom Alten Hafen nach Pegli, der auch quer durch das Hafengelände fährt. In dem Jugendstilgebäude der Stazione Marittima hat das Instituto Idrografico della Marina seinen Sitz.
⚠ Hier bekommt man Seekarten von allen italienischen Küsten.

Echt gut

Beliebter Treffpunkt sind die Sottoripa-Arkaden

Hotels

■ **Savoia Majestic**
Via Arsenale di Terra 1
Tel. 0 10 26 16 41
www.hotelsavoiagenova.it
Nähe Bahnhof und Piazza Principe;
moderner Komfort in einem Hotel-
palast, der viele gekrönte Häupter
gesehen hat. ●●●

■ **Metropoli**
Piazza Fontana Marose
Tel. 01 02 46 88 88
www.bestwestern.it/metropoli_ge
Moderne, mit Werken zeitgenössischer
Künstler ausgestattete Zimmer in zent-
raler Altstadtlage. ●●●

■ **Capannina**
Via Tito Speri 7][Tel. 0 10 36 32 05
www.lacapanninagenova.it
Einfache, ruhige Zimmer im grünen
Vorort Boccadasse mit guter Verkehrs-
anbindung. ●●

■ **Agnello d'Oro**
Via Monachette 6
Tel. 01 02 46 20 84
www.hotelagnellodoro.it

Familiäres Haus in den Räumen einer
ehemaligen Klosterschule; moderne
Zimmer mit historischen Reminis-
zenzen. ●●

Restaurants

■ **Tristano e Isotta**
Vico del Fieno 33 r
Tel. 01 02 47 43 01
www.tristanoeisotta.com
Knusprige Pizza und ligurische Küche;
zum Stammpublikum gehören die
Künstler des nahe gelegenen Opern-
hauses, Mo geschl. ●●

■ **Pintori**
Via San Bernardo 68 r
Tel. 01 02 75 75 07
Ausgezeichnete Küche, vor allem
Spezialitäten aus Sardinien, So und
Mo geschl. ●●

■ **Da Genio**
Salita San Leonardo 61
Tel. 0 10 58 84 63
Bodenständiges Restaurant mit
traditioneller ligurischer Küche,
So geschl. ●●

■ Torre dei Greci
Vico dei Lavatoi 6
Tel. 01 02 51 88 51
Lokal mit ausgefallener, aber feiner
Küche im Viertel um die alte Mole,
Mo geschl. ●●

■ Ferrando
Via Carli 110]\[**Tel. 0 10 75 19 25**
Auf den Hügeln hinter der Stadt, ein-
heimische Küche durch frische Kräuter
verfeinert, So abends, Mo/Di geschl. ●

■ Sa Pesta
Via dei Giustiniani 16 r
Tel. 01 02 46 83 36
Echt gut! **Lokal mit ausgezeichneter Farinata**
❯ S. 55 und anderen traditionellen
ligurischen Gerichten, So geschl. ●●

■ Mangini
Piazza Corvetto 3r
Tel. 0 10 56 40 13
Kaffeehaus mit Tradition und elegan-
tem Publikum und köstlicher Zabaione-
Torte, Mo geschl., 7.30–20.30 Uhr. ●●

■ Fratelli Klainguti
Piazza di Soziglia 102
Tel. 01 02 47 45 52
Das 1826 von Graubündner Zucker-
bäckern gegründete Café ist Kult,
tgl. 8–20 Uhr. ●●

■ Da Guglie
Via San Vincenzo 64 r
Tel. 0 10 56 57 65
Kleines Farinatalokal mit Holzofen,
in der Nähe des Mercato orientale
❯ S. 59. Unbedingt probieren: *Fritelle
di Baccala* (Stockfisch) und das Kicher-
erbsengericht *Panissa*, So geschl. ●

Nightlife

■ Teatro Carlo Felice
Tel. 0 10 58 93 29
www.carlofelice.it
Postmodernes, prestigeträchtiges
Opernhaus.

■ Mako Discotheque
Corso Italia 28
www.makogenova.com
Angesagte Disko in coolem Ambiente,
Fr–So 24–4 Uhr, Restaurant 21–4 Uhr.

■ I Tre Merli
**Vico dietro il coro della Maddalena
26 r**]\[**Tel. 01 02 47 40 95**
www.itremerli.it
Weinbar in einem Palazzo aus dem
14. Jh., in der man 300 Weine kosten
kann, serviert mit leckeren Snacks, bis
1.30 Uhr, Sa abends/So geschl.

Shopping

Die elegantesten Geschäftsstraßen
sind die Via XX Settembre und die
umliegenden Straßen. Charakteristi-
sche Läden finden sich vor allem in
den Altstadtgassen.

■ Marescotti
Via di Fossatello
Die im 18. Jh. gegründete Pasticceria
ist berühmt für ihre Liköre. Unüber-
troffen ist der Amaretto.

■ Mercato del pesce
Piazza Cavour
Fischmarkthalle, Di–Sa 6.30–10 Uhr.

■ Mercato orientale
Piazza Colombo
Sehenswerter Lebensmittelmarkt,
Mo–Sa 8–19 Uhr.

■ Rubinacci
Via Garibaldi 7
Antiquitäten zu maßvollen Preisen.

■ Filigrana Italiana
Via XX Settembre 2
Schmuck aus Gold und Silberfiligran.

■ Antiquariat Bardini
Salita del Fondaco 32 r
Antiquarische Bücher.

■ L'Isola
Via Canneto il Lungo 83 r
Handgefertigte Schieferobjekte.

Im Park der Villa Durazzo-Pallavicini in Pegli

Ausflüge von Genua

Pegli ❷

15 km westlich von Genua liegt das elegante Seebad Pegli. Die 2 km lange Uferpromenade säumen ansehnliche Paläste des 19. Jhs., umgeben von mittelalterlichen Häusern. Die milden Temperaturen machte die kleine Stadt zur bevorzugten Adresse nicht nur des Genueser Adels. Dieser zog sich zurück, als Pegli von Genua eingemeindet wurde – was seinen 30 000 Einwohnern eine gute Verkehrsanbindung an die ligurische Hauptstadt bescherte.

Noch bevor es sich um die Mitte des 19. Jhs. als Tourismusort etablierte, entwarf der Theaterimpresario Michele Canzio im Jahr 1837 die prächtige *Villa Durazzo-Pallavicini mit einem wunderschönen Park mit Palmen, Kamelienwald, Grotten und Was-

serspielen. Die Villa ist Sitz des Archäologischen Museums, **Museo Civico di Archeologia Ligure**, das neben archäologischen Funden auch Knochenfunde aus ligurischen Höhlen zeigt (im Sommer Di–So 10–19, im Winter 10–17 Uhr, www.museoarcheologicogenova.it).

Direkt neben dem Park der Villa Durazzo-Pallavincini (aber mit eigenem Eingang) liegt die **Villa Doria-Centurione** (16. Jh.). Sie beherbergt das Schifffahrtsmuseum **Museo navale**. Es zeigt unter anderem Seekarten, Galionsfiguren und nautisches Gerät (Di–Fr 9–13, So 10–13 Uhr).

Verkehrsmittel

Pegli liegt nicht weit vom **Flughafen** Cristoforo Colombo. Es ist dem **Busnetz** der Verkehrsbetriebe Genua angeschlossen. Seit kurzem verkehrt ein öffentlicher ==Wasserbus (NaveBus) zwischen Pegli und dem Alten Hafen Genuas== für den Preis eines Bustickets

(ab Pegli, Molo Archetti, Mo–Fr
7.05–20.35, Sa/So 10–19.20 Uhr,
www.amt.genova.it).

■ **Torre Cambiaso**

Scarpanto 49

www.torre-Cambiaso.de

In einem schönen Park gelegen, bietet
der ehemalige Adelssitz in seinen
45 Zimmern stilvolle Unterkunft. ●●

■ **Mediterranee**

Via Lungomare 69

Tel. 01 06 97 38 50

www.hotel-mediterranee.it

Der elegante Palast aus dem 17. Jh.
liegt an der Uferpromenade und war
schon im 19. Jh. eine beliebte Sommer-
residenz. ●●

Torre Antica

Via Teodoro Monferrato

Tel. 01 06 97 40 50

Gediegene Atmosphäre und gute
Küche, Fischspezialitäten. ●

Acquasanta

Von Voltri, dem westlichsten Vorort Genuas, führt eine schmale,
etwas abenteuerliche Stichstraße
hinauf nach Acquasanta in den
Genueser Bergen (21 km vom
Zentrum Genuas, auch Bahnstation der Linie Genua–Ovada). Der
idyllische Ausflugs- und Kurort
besitzt Schwefelquellen, ein hübsches Thermentempelchen und
die berühmte Wallfahrtskirche
Nostra Signora dell'Acquasanta
(Ende 17. Jh.) mit der Scala Santa,
einer Kopie der Heiligen Treppe
in Jerusalem, auf der Jesus zu Pi-
latus hinaufgestiegen sein soll.

La Madia

Via Acquasanta 242

Tel. 0 10 63 80 19

Ausgezeichnetes Restaurant mit
ligurischer Küche, Mo geschl. ●●

*Staglieno ❸

Einen ungewöhnlichen Kunstge-
nuß bietet der **Monumentalfried-
hof Staglieno** in Genuas nörd-
lichem Vorort Staglieno. Die 1851
eingeweihte pompöse Totenstadt
erinnert eher an ein riesiges Frei-
lichtmuseum für Kunstgeschichte
und Stilepochen der Bildhauer-
kunst und beeindruckt sowohl
durch seine schiere Größe (über
1 km^2) als auch durch seine Anlage und Architektur. Mit prunkvollen Mausoleen, Kapellen, Tem-
peln, Grabhäusern und Skulpturen
setzte sich hier der Geldadel Genuas ein ewiges Denkmal.

Das einfache Volk wurde nach
altrömischer Sitte unten am Fuß
der Hügel in Kolumbarien (Ni-
schengräbern) beigesetzt. Die
reichlich vorhandenen kunstvollen Skulpturen verschiedenster
Stilrichtungen – von Klassizis-
mus, Realismus, Symbolismus bis
Jugendstil und Art déco – drü-
cken nicht überall pietätvolle
Trauer aus, es scheint, als sei die
unterschwellige Erotik einiger
kaum verhüllter Frauenfiguren so
gewollt (tgl. 7.30–17 Uhr).

Die Orientierung auf dem riesigen Gelände erleichtert ein Friedhofsführer,
den man gratis am Eingang erhält.
Allgemein: www.comune.genova.it

Verkehrsmittel

Von Genua fährt vom Piazza Principe der Bus 34 hierher. Auf dem Friedhofsgelände verkehrt ein öffentlicher Bus.

*Genuas Festungen 4

Da die Genuesen sich von der Landseite her immer bedroht fühlten, umgaben sie sich schon um das Jahr 200 n. Chr. mit einer Mauer, die im Laufe der Geschichte der wachsenden Stadt angepasst wurde. In der Zeit zwischen 1626 und 1632, als Genua Angriffe der immer mächtiger werdenden Savoyer fürchtete, entstand der siebte Wall: eine 12 650 m lange Mauer, die sich über die Kämme der die Hafenstadt einschließenden Hügel hinzog und bis heute noch weitgehend erhalten ist.

Bis ins 18. Jh. umfaßte Genuas Verteidigungssystem einen 19 km langen Festungswall mit 16 Festungen (www.forti-genova.com). Sie gehören zu den Hauptsehenswürdigkeiten des 1990 gegründeten städtischen Erholungsgebiets *Parco Urbano delle Mura. Das am höchsten gelegene *Forte Diamante wurde 1756 gebaut, nachdem österreichische Truppen diesen strategisch bedeutenden Bergkamm oberhalb der Stadtmauer besetzt hatten.

In der Nähe des Forts sind noch Eislöcher zu sehen, in den rund 5 m tiefen Gruben wurde im Winter Schnee gebunkert, um die Stadt im Sommer mit Eis zu versorgen.

Das am Westhang gelegene **Forte Fratello Minore** wurde 1815 als eine von ursprünglich

Pompöse Totenstadt: der Friedhof von Staglieno

zwei Festungsanlagen über dem Polcevera-Tal erbaut.

Gut erhalten ist auch das 1815 erbaute **Forte Puin**. In der Nähe, auf dem Monte Peralto am höchsten Punkt der Stadtmauer, erhebt sich das mächtige **Forte Sperone**, das besichtigt werden kann (So 9.30 bis 11.30 Uhr sowie 14.30 bis 17.30 Uhr). Weiter unten sieht man im Westen die **Forts Begato** und **Tenaglia** und im Osten die **Forts Quezzi**, **Ratti** und **Richelieu**.

Vorbei an seinem ziegelroten Wachtturm, dem Torre delle Specola, erreicht man den 302 m hohen *Righi, einen der beliebtesten Aussichtspunkte Genuas, der von einer 1,5 km langen Zahnradbahn bedient wird (Talstation am Largo Zecca).

Echt gut!

Verkehrsmittel

Das Forte Sperone ist auch über Genuas Circonvallazione a Monte (Höhenstraße) bequem mit dem Auto zu erreichen.

Albaro 5 und *Nervi 6

Das Sahnehäubchen am Ostrand von Grande Genova bilden die beiden Villenvororte Albaro und Nervi. **Albaro** war von der Renaissance bis in die faschistische Ära eine der bevorzugten Adressen der Genueser Oberschicht, wovon die majestätische Anlage der **Villa Giustiniani-Cambiaso** eindrucksvoll Zeugnis gibt. Die Villa verkörpert den Protoyp des genuesischen Palastes. Geschaffen hat sie der umbrische Baumeister Galeazzo Alessi 1548 im römischen Renaissance-Stil. Die grandiose Villenanlage (öffentlich zugänglicher Garten) zeichnet sich durch ihre landschaftsbeherrschende Lage und ihre Loggien aus. Heute ist sie im Besitz der Universität Genua.

Nervi ist für seine **Passeggiata Anita Garibaldi**, die 5 km lange Seepromenade entlang der Felsküste bekannt, für seine gepflegten Parks (berühmt ist der Rosengarten im Parco Grimaldi) und für seine in Museen umgewandelten Villen. Die **Villa Serra** beherbergt mit der Galleria d'Arte Moderna eine stattliche Sammlung ligurischer Malerei aus dem 19. und dem 20. Jh. (Di–So 10 bis 19 Uhr). Die **Villa Grimaldi** zeigt eine Kunstsammlung des späten 19. und frühen 20. Jhs. (Di–So 10–19 Uhr), und die **Villa Luxoro** präsentiert Kunsthandwerk und Gemälde des 17. und 18. Jhs. (Di bis Fr 9–13 Uhr, Sa 10–13 Uhr).

Info

www.nervi.ge.it

Verkehrsmittel

Beide Orte sind bequem mit dem Bus 15 von Genua oder mit der Bahn zu erreichen.

Hotels

■ **Villa Pagoda**
Via Capolungo 15][Nervi
Tel. 01 03 72 61 61
www.villapagoda.it
Elegantes Haus, nur zwei Schritte vom Meer entfernt und von viel Grün umgeben. ●●●

■ **Villa Bonera**
Via Sarfatti 8][Nervi
Tel. 01 03 72 61 64
www.villabonera.com
Bei der Passeggiata A.Garibaldi in einem schönen Garten gelegen. ●●

Restaurants

■ **The Cook**
Via Marco Sala 77/79 r][Nervi
Tel. 01 03 20 29 52
Restaurant mit puristischem Ambiente und experimentierfreudigem Meisterkoch, dem man beim Kochen zuschauen kann. ●●●

Echt gut!

■ **Olindo**
Via Provana di Leyni 17 r][Nervi
Tel. 01 03 72 82 05
Restaurant für Fischspezialtäten nahe dem kleinen Hafen von Nervi. ●●

■ **Thermopolium**
Passeggiata A. Garibaldi 33/34 r Nervi][Tel. 01 03 72 44 65
Gute Küche und fantastischer Meerblick, Do geschl. ●●

Nightlife

Senhor do Bonfim
Passeggiata A. Garibaldi][Nervi
Tel. 01 03 72 63 12
Südamerikanische Musik, häufig live.

An der Riviera di Levante

Recco 7

Das Tor zur Riviera di Levante ist Recco, das sich auch als idealer Ausgangsort für Camogli und die Halbinsel von Portofino anbietet. Unbedingt probieren sollte man hier die fladenbrotartigen *focacce*. Sie bestehen in der lokalen Variante aus zwei dünnen, mit Käse gefüllten und gebackenen Teigblättern. Dem schmackhaften Fladen ist sogar ein Fest gewidmet, die Festa della Focaccia am 4. Sonntag im Mai. Highlight im Festkalender Reccos ist jedoch das Sagra del Fuoco am 7./8. September, bei dem zwei Abende lang Feuerwerke den Himmel über Recco entflammen.

Hotels

■ **La Villa**

Via Roma 278][**Tel. 01 81 57 41 28**
www.manuelina.de
Schöne First-Class-Hotelanlage in einer Villa mit Garten mit Ristorante für Regionalküche, außerhalb gelegen. ●●●

■ **Hotel Elena**

Corso Garibaldi 5][**Tel. 0 18 57 40 22**
www.hotelelena.it
Modernes, funktionales Mittelklasse-hotel mit Meerblick und Strand, nur wenige Schritte vom Zentrum. ●●

Restaurant

Manuelina

Via Roma 278][**Tel. 0 18 57 41 28**
Bei Einheimischen beliebtes Traditionslokal mit guter regionaler Küche. Gehört zum Hotel La Villa. ●●

Wanderung im Naturpark Portofino mit Blick auf die Riviera di Levante

2 *Camogli 8

Die touristische Attraktivität verdankt das einstige Seefahrerstädtchen Camogli (6000 Einwohner) vor allem seinem fotogenen Stadtbild mit den fast turmhohen, bonbonfarbenen Häusern. Die leuchtenden Farben sollten einst den heimkehrenden Fischern den Weg zum Hafen weisen.

Das **Museo Marinaro G. B. Ferrari** erinnert an Camoglis große Vergangenheit als Seefahrerstadt: Im 18. Jh. besaß der Ort eine größere Flotte als Genua und Hamburg. An die 3000 hochseetüchtigen Segelschiffe sind in einem Jahrhundert vom Stapel gelaufen (Via G. B. Ferrari 41, Mo, Do, Fr 9–12, Mi, Sa, So, Fei 9–12 und 15–18 Uhr).

Bei der Sagra del pesce am zweiten Maisonntag werden in einer 4 m großen Pfanne mehrere Zentner Fisch frittiert und gratis an die Besucher verteilt.

Echt gut!

Info

IAT-Büro
Via XX Settembre 33
Tel. 01 85 77 10 66][www.camogli.it

Hotels

■ **Cenobio dei Dogi**
Via Cuneo 34][Tel. 01 85 72 41
www.cenobio.com
Exklusive Patriziervilla mit Garten. ●●●
■ **La Camogliese**
Via Garibaldi 55][Tel. 01 85 77 14 02
www.lacamogliese.it
Hübsches Haus am Meer mit Schwimmbad, Fitness- und Wellnessbereich. ●●

Restaurant

Pattynese
Via G. B. Ferrari 11][Tel. 01 85 77 34 64
Solide, sympathische und kleine Trattoria. Mo abends und Di geschl. ●

Aktivitäten

B & B Diving Centre
Via S. Fortunato 11
Tel. 01 85 77 27 51][www.bbdiving.it
Tauchkurse und -touren, Bootsverleih.

Am Hafen von Camogli

****Naturpark Portofino** 🟨9

Die Abtei San Fruttuoso

Das oberhalb von Camogli gelegene Dörfchen San Rocco ist ein guter Ausgangspunkt für eine Wanderung auf den **Monte Portofino**. Obwohl nur 610 m hoch, kann man an klaren Tagen bis Elba und Korsika sehen. Zahlreiche Wanderwege erschließen den 1800 ha großen Naturpark der Halbinsel von Portofino. 700 Pflanzenarten wurden hier registriert. Unter Naturschutz steht auch ein 1300 m breiter Meeressaum unter Wasser (www.parcoportofino.it).

Der **Golfo di Paradiso** wird seinem Namen nicht nur über, sondern auch unter Wasser gerecht. Die gesamte Halbinsel von Portofino **mit ihrer herrlichen Unterwasserwelt** ist für Taucher längst kein Geheimtipp mehr.

***Abtei San Fruttuoso** 🟨10

Die Entstehungsgeschichte der Abtei reicht weit ins Mittelalter zurück. Als die Araber im frühen 8. Jh. in Spanien einfielen, suchte Bischof Prosperus von Tarragona in Norditalien Zuflucht. Zur Ehre der vom Bischof herübergeretteten Reliquien des hl. Fructuosus entstanden hier bald eine Kirche und ein Kloster, von den Sarazenen zerstört, später wieder aufgebaut und im 13. Jh. von den Doria verschönert und erweitert.

Das Adelsgeschlecht der Doria bestattete hier zwischen 1275 und 1305 sechs seiner Angehörigen (Mai–Sept. tgl. 10–17.45 Uhr, März/April und Okt. Di–So 10 bis 15.45, Dez.–Feb. nur an Wochenenden 10–15.45 Uhr, Nov. geschl.) Den mächtigen **Wehrturm** östlich der Abtei ließ 1550 Admiral Andrea Doria errichten.

Ein Bad im glasklaren Wasser der felsigen Bucht und danach eine Stärkung in einer der beiden kleinen Trattorien am Strand krönen den Ausflug.

Info

■ Fährpläne für Schiffe von Recco und Camogli: www.golfoparadiso.it
■ Fährpläne für die Strecke Rapallo–Santa Margherita Ligure–Portofino: www.traghettiportofino.it

Hotel

Da Giovanni
San Fruttuoso][**Tel. 01 85 77 00 47**
Sieben einfache Zimmer, grandiose Aussicht vom Restaurant. ●●

*Santa Marghe-rita Ligure ⑪

Santa Margherita Ligure am Fuß des Monte Portofino zieht vor allem ein junges und vergnügungsfreudiges Publikum an. Die palmengesäumte Uferpromenade lädt zu genussreichem Schlendern ein. Hotels gibt es für jeden Geschmack. Durch einen Park mit exotischen Pflanzen gelangt man zur **Villa Durazzo Centurione**. Der um 1560 errichtete Renaissancebau bildet heute einen stimmungsvollen Rahmen für sommerliche Klassikkonzerte (April bis Sept. Di–So 9.30–18 Uhr, Okt. bis März 9–17 Uhr).

Bevor das Städtchen vom Nobelpublikum entdeckt wurde, war es ein Fischerdorf. In der **Kirche Sant'Erasmo** erzählen Votivbilder von den Gefahren, denen Fischer und Seeleute auf dem nicht immer sanften Mittelmeer ausgesetzt waren. Der Fischfang brachte immerhin so großen Wohlstand ein, dass Langobarden, Sarazenen und Venezianer Santa Margherita Ligure eroberten. Maßvolle Tourismusplanung verhinderte bisher erfolgreich ein Ausufern durch Bettenburgen.

Info

IAT-Büro
Via XXV Aprile 2 b
Tel. 01 85 28 74 85
www.apttigullio.liguria.it
www.comune.santa-margherita-ligure.ge.it

Hotels

■ **Laurin**
Lungomare Marconi 3
Tel. 01 85 28 99 71
www.laurinhotel.it
Traditionsherberge am Jachthafen, 43 modern ausgestattete Zimmer, allesamt mit Meerblick. ●●●

Luxusjachten im Hafen von Portofino

■ **Villa Anita**
Via Tigullio 10][**Tel. 01 85 28 65 43**
www.hotelvillaanita.com
Freundliche Pension in einer Jugendstilvilla mit großem Garten und Son-
nenterrassen. ●●

■ **Agriturismo Gnocchi**
San Lorenzo della Costa
Via Romana 53
Tel. 01 85 28 34 31
www.villagnocchi.it
Landurlaub im idyllischen Bergdorf
zwischen Olivenbäumen, sechs mit
Antiquitäten ausgestattete Zimmer. ●

Restaurant

Il Frantoio
Via Giuncheto 23 a
Tel. 01 85 18 01 18
Vorzügliche ligurische Küche (auch
Pizza) in der ehemaligen Ölmühle der
Villa Durazzo. Do geschl. ●●

Aktivitäten

Portofino Divers
Tel. 01 85 28 07 91
www.portofinodivers.com
Alles, was man zum Tauchen braucht.

3 **Portofino** 12

Nach Portofino kommt man über
die schmale, an Wochenenden oft
verstopfte Küstenstraße. Den Römern verdankt der kleine Hafen,
den schon die Phönizier als siche-
ren Ankerplatz schätzten, seinen
Namen: Portus Delphini (Delfin-
hafen). Jahrhundertelang waren
hier die Fischer unter sich und
bauten rund um die Bucht schmale, hohe Häuser, die sie in zarten
Farben bemalten. Nach dem
Zweiten Weltkrieg entwickelte

sich das 500-Seelen-Dorf zu einem mondänen Seebad des internationalen Jet-Sets. Nachdem
man die zauberhafte Ansicht in
einem der Cafés am Hafen lange
genug genossen hat, lohnt ein
Spaziergang durch Olivenhaine
zum Leuchtturm an der **Punta
del Capo**, vorbei an der herrlich
gelegenen **Kirche San Giorgio**
aus dem 12. Jh. und am **Castello
di San Giorgio**, eine der um 1600
errichteten genuesische Bastionen
zur Verteidigung des Tigullischen
Golfs.

Info

IAT-Büro
Via Roma 35][**Tel. 01 85 26 90 24**
www.comune.portofino.genova.it

Hotels

■ **Domina Inn Piccolo**
Via Duca degli Abruzzi 31
Tel. 01 85 26 90 15
www.dominavacanze.it
Belle-Époque-Hotel in wunderschöner
Lage über einem kleinen Felsstrand,
22 schick designte Zimmer, mit klei-
nem Badestrand. ●●●

■ **Hotel Eden**
Vico Dritto 20][**Tel. 01 85 26 90 91**
www.hoteledenportofino.com
Kleines Hotel in einer ruhigen Seiten-
straße im Stadtzentrum mit hübschem
Garten und liebevoll ausgestatteten
Zimmern. ●●●

Restaurant

Il Pitosforo
Molo Umberto I. 9
Tel. 01 85 26 90 20
==Ein Portofino-Mythos mit idyllischer
Terrasse am Hafen.== Exklusiv sind die

Gäste und die Preise für kreative internationale und ligurische Küche; exzellente Weinkarte. Mo/Di geschl.

●●●

Rapallo 🔢

Nur das Kastell (16. Jh.) am Hafen von Rapallo (30 150 Einwohner) erinnert noch an die gefahrvollen Zeiten, als das Städtchen stets auf Überfälle gefasst sein musste. Heute glänzt Rapallo – nach Portofino und Santa Margherita – als dritte touristische Perle am Golfo del Tigullio. Die palmengesäumten Uferpromenade **Lungomare Vittorio Veneto** säumen nostalgische Jugendstilbauten und charmante Cafés mit Glasveranden. Im Musikpavillon **Chiosco della Banda Cittadina** spielen noch heute kleine Orchester auf.

Neben dem **Oratorio dei Bianchi** (Sa, So 10–12 und 16–18 Uhr), das eine Sammlung ligurischer Prozessionskreuze zeigt, lohnt die **Kirche Santo Stefano** einen Besuch. Sie ist über 1000 Jahre alt, verdankt ihre heutige Gestalt aber einem Umbau im 17. Jh.

Echt gut! **Spektakuläre Aussicht bietet die barocke Wallfahrtskirche** Nostra Signora di Montallegro (612 m), zu der man von Rapallo mit einer Seilbahn hinauffahren kann. Anfang Juli pilgert die ganze Stadt zum Fest der Muttergottes hinauf, von deren Wunderkraft zahlreiche Votivgaben in der Kirche berichten.

Während die Männer auf Seefahrt waren, vertrieben sich im 19. Jh. die daheim gebliebenen

Frauen die Zeit mit dem Klöppeln zarter Spitzen. Die schönsten Handarbeiten sind im **Museo del Pizzo al Tombolo** in der Villa Tigullio zu sehen, einst ein gesellschaftlicher Treffpunkt für berühmte Gäste wie Gerhart Hauptmann, Ezra Pound und Thomas Mann (Di, Mi, Fr, Sa 15.30–18, Do 10–11.30 Uhr, Sept. geschl.).

Info

IAT-Büro
Lungomare Vittorio Veneto 7
Tel. 01 85 23 03 46
IATRapallo@apttigullio.liguria.it

Hotels

■ **Astoria**
Via Gramsci 4][Tel. 01 85 27 35 33
www.hotelastoriarapallo.it
Jugendstilvilla am Meer mit First-Class-Komfort in modernen und freundlich gestalteten Zimmern. ●●—●●●

■ **Bandoni**
Via Marsala 24][Tel. 0 18 55 04 23
Ansprechendes einfaches Familienhotel mit Meerblick. ●

Restaurant

Hosteria Vecchia Rapallo
Via Cairoli 20/24][Tel. 0 18 55 00 53
Traditionsreiches Fischlokal und Weinbar in der Altstadt. Mo geschl. ●●

Chiavari 🔢

Chiavari (27 800 Einwohner) ist der Hauptort der Riviera di Levante. Die antike Römerstraße Via Aurelia wird im Ortszentrum zur **Via Martiri della Liberazione** oder wie die Einheimischen sagen: *Carruggio Dritto. Sie war

im Mittelalter der Warenum-
schlagplatz für den Handel mit
der Po-Ebene, der Chiavaris
Wohlstand sicherte. Hier und in
der Parallelstraße **Via Ravaschieri** schlägt das Herz der Stadt. Das
imposanteste Bauwerk in der lebendigen Altstadt ist der **Palazzo
Rocca** (1629) mit einer hervorra-
genden Gemäldesammlung und
dem **Museo Archeologico**, das
Fundstücke aus einer vorrömischen Nekropole zeigt (Via Cos-
taguta 4, Di–Sa, 2. und 4. So im
Monat 9–13.30 Uhr). Sehenswert
sind auch die barocke, im 19. Jh.
umgebaute Kathedrale **Nostra Signora dell'Orto** und der mittelalterliche **Palazzo dei Portici Neri**
(Via Ravaschieri 27–33).

Das Kastell am Hafen von Rapallo

Info

IAT-Büro
Corso Assarotti 1
Tel. 01 85 32 51 98
www.commune.chiavari.ge.it

Hotels

■ **Monte Rosa**
Via Marinetti 6][Tel. 01 85 30 03 21
www.hotelmonterosa.com
Renommiertes Drei-Sterne-Hotel im
Zentrum, moderne Zimmer, Internet,
Sonnenterasse, Bar und Trattoria. ●●

■ **Mare e Monti**
Via Aurelia 86][Tel. 01 85 31 80 68
mareemonti@tin.it
Familiäre Atmosphäre und schöner
Blick auf den Golfo di Tigullio. ●

■ **Miramare**
Corso Valparaiso 56
Tel. 01 85 30 98 91
Preisgünstiges und gepflegtes Haus
mit freundlichem Service. ●

Restaurants

■ **Fondaco del Vecchio Glicine**
Via Raggio 39][Tel. 01 85 30 14 21
Die traditionelle Küche und Fischge-
richte sind vorzüglich. Mi geschl. ●●

■ **Luchin**
Via Bighetti 51–53
Tel. 01 85 30 10 63][http://luchin.it
**Der ligurische Kichererbsenkuchen
wird nirgendwo stilvoller serviert.**
Das originelle Interieur stammt aus
dem Jahr 1907. So geschl. ●

Ausflug
nach Madonna
delle Grazie

Wenige Kilometer westlich von
Chiavari erhebt sich steil über
dem Meer die Wallfahrtskirche
Madonna delle Grazie (um 1430).
Den Innenraum hat der ligurische
Künstler Teramo Piaggio mit einem Freskenzyklus zum Alten
und Neuen Testament ausgemalt
(1539). Das »Jüngste Gericht«
stammt von Liguriens berühmtesten Maler Luca Cambiaso (Mitte 16. Jh.).

Am Strand von Sestri Levante

Lavagna 15

Nur die Brücke über den Fluss Entella trennt Chiavari von Lavagna, das einen großen Jachthafen mit 1600 Ankerplätzen besitzt. Papst Hadrian V., ein Angehöriger der mächtigen Adelsfamilie Fieschi, ließ im 13. Jh. im nahe gelegenen Dorf San Salvatore die *Basilica dei Fieschi errichten, einen der schönsten romanisch-gotischen Bauten Liguriens. Mitte

Echt gut! August findet in Lavagna ein farbenfrohes Fest mit Umzügen in historischen Kostümen und Ritterspielen statt, das an die Hochzeit eines Grafen Fieschi im 13. Jh. erinnert. Höhepunkt ist die **Torta dei Fieschi**, eine 1400 kg schwere Torte, die auf der Piazza Vittorio Veneto an alle verteilt wird.

*Sestri Levante 16

In den Sommermonaten verwandelt sich Sestri Levante (18 900 Einw.) vom beschaulichen Seebad in einen umtriebigen Ferienort.

Die verwinkelte Altstadt auf der weit ins Meer reichenden Landzunge Isola hat viel Atmosphäre und trennt die Küste in zwei Badebuchten: die Baia delle Favole, die zu Ehren von Hans Christian Andersen so benannten Märchenbucht, und die hübsche Baia di Silenzio. Sehenswert ist die romanische Kirche **San Nicolò dell'Isola** (12. Jh.) auf der Isola, in der Nähe ist der Eingang zum **Parco dei Castelli** (nur für Hotelgäste).

Info

IAT-Büro
Piazza Sant'Antonio 33
Tel. 01 85 45 70 11
IATSestrilevante@apttigullio.liguria.it

Hotels

■ **Grand Hotel dei Castelli**
Via Penisola 26][**Tel. 01 85 48 57 80**
www.hoteldeicastelli.com
First-Class-Hotel in mittelalterlicher Stilimitation, im Parco dei Castelli gelegen mit Lift zum Meer. ●●●

■ **Due Mari**
Via Coro 18][**Tel. 0 18 54 26 95**
www.duemarihotel.it
Stilmöbel und moderner Komfort in einer schön gelegenen Villa. ●●—●●●

Strände

Die besten Strände befinden sich zwischen Chiavari und Sestri Levante, vor allem bei Cavi. Allerdings ist gerade diese Gegend unschön verbaut. Ein idealer Badeort ist Sestri Levante. Ungeeignet für Badeurlaub sind Portofino, Santa Margherita Ligure und Rapallo.

*Varese Ligure ⑰

Der 2000-Seelen-Ort kann sich rühmen, das erste Dorf Europas mit Öko-Siegel zu sein. Die gesamte Gemeinde hat sich auf Bio-Produktion umgestellt, das ließ EU-Subventionen fließen und stoppte die Landflucht. Touristisch attraktiv ist vor allem der sorgfältig restaurierte Ortskern mit dem **Castello**, der Burg aus dem 12. Jh. Besonders markant ist der *Borgo rotondo, ein im 15. Jh. um den Marktplatz angelegter Ring von Häusern.

Beim Wochenmarkt dienstags kann man köstliche Bioprodukte probieren. Unterhalb des Ortes überquert eine 500 Jahre alte Steinbrücke, die **Ponte Grecino**, die Vara. Mit einem reizvollen Bergpanorama wird die Fahrt auf den 1000 m hohen **Passo dei Cento Croci** oberhalb von Varese belohnt.

Hotels

■ Gli amici
Via Garibaldi 80
Tel. 01 87 84 21 39
www.albergoamici.it
Kleines altmodisches Hotel mit schönen Zimmern und ausgezeichnetem Bio-Restaurant. ●●

■ Agriturismo Giandriale
Tavarone di Maissana
Tel. 01 87 84 02 79
www.giandriale.it
Auf halbem Weg von Sestri Levante nach Varese Ligure liegt dieser preisgünstige Bio-Hof mit sechs einfachen Zimmern und einer Ferienwohnung in idyllischer Landschaft. ●

Levanto ⑱

Das kleine Seebad Levanto ist ein idealer Standort für die Cinque Terre. Von hier aus kann man gut die Wanderung in die fünf magischen Dörfer starten. Sehenswert ist die **Loggia del Comune** an der Piazza del Popolo, sie stammt aus dem 13. Jh. 30 Jahre älter ist die Pfarrkirche **Sant'Andrea** mit ihrer Streifenfassade. Ein Flachrelief am **Oratorio di San Giacomo** (16. Jh.) belegt, dass der Jakobsweg nach Santiago de Compostela auch durch Levanto führte.

Info

Pro Loco
Piazza Mazzini][Tel. 01 87 80 81 25

Hotels

■ Villa Margherita
Via Trento e Trieste 31
Tel. 01 87 80 72 12
www.villamargherita.net
Freundliche B & B-Unterkunft in einer Belle-Époque-Villa mit Garten. ●●

■ Ostello Ospitalia del Mare
Via San Nicolò][Tel. 01 87 80 25 62
www.ospitaliadelmare.it
Jugendherberge in einem ehemaligen Kloster. Keine Altersbegrenzung, kein Jugendherbergsausweis nötig. ●

Restaurants

■ L'Oasi
Piazza Cavour][Tel. 01 87 80 08 56
Ausgezeichnete Fischküche; man sitzt schön im Hof. Mi geschl. ●●—●●●

■ Centro
Corso Italia 25][Tel. 01 87 80 81 57
Freundliches Lokal mit typischen regionalen Gerichten. Di geschl. ●●

Cinque Terre und der Golf von La Spezia

Nicht verpassen!

- Den Sonnenuntergang auf der Belvedere-Terasse in Corniglia
- Eine Bootsfahrt entlang der Cinque-Terre-Küste
- Fische essen am Hafen in Portovenere
- Die Dinosaurier in der Burg von Lerici
- Auf dem Trödelmarkt von Sarzana nach Schätzen stöbern

Zur Orientierung

Adlerhorsten gleich kleben die Dörfer der Cinque Terre mit ihren bunten Häusern an der Felsküste. Inzwischen zum UNESCO-Weltkulturerbe und Nationalpark erhoben, bilden die Orte Monterosso, Vernazza, Corniglia, Manarola und Riomaggiore, die »fünf Länder«, wie Cinque Terre wörtlich heißt, eine eigene Welt. Bis zum 19. Jh. lebten die Einheimischen in völliger Abgeschiedenheit. Die steile Hanglage hat die touristische Erschließung lange Zeit verhindert – zum Glück für die Cinque Terre. Heute zählen sie zu den beliebtesten Reisezielen der gesamten ligurischen Riviera. Im Winter geht es in den Dörfern mit den steilen Gassen und den handtuchgroßen Plätzen noch ruhig zu, doch von Ostern bis Oktober erleben sie den Ansturm von Wanderern aus der ganzen Welt.

Die Cinque Terre erkundet man am besten mit der Bahn, dem Schiff und zu Fuß. Autofahrten sind hier unsinnig. Nur kurvige Stichstraßen führen auf langwierigen Fahrten zu den fünf Orten, Parkplätze sind rar und teuer. Die Bahn verbindet die Dörfer fast im Stundentakt. Schiffe verkehren im Sommerhalbjahr zwischen allen Orten außer Corniglia und fahren dann weiter bis Portovenere.

Farbenfrohe Häuser schmücken Riomaggiore in den Cinque Terre

In die Cinque Terre kommt man vor allem zum Wandern, nicht so sehr zum Baden. Der lange Sandstrand von Monterosso › S. 76 lockt allerdings mit kristallklarem Wasser. Die übrigen Dörfer bieten dagegen eher kleine, teils wildromantische Fels- und Kiesstrände.

Ein weniger bekanntes Juwel ist Portovenere am Südende der Halbinsel am Golf von La Spezia. Malerisch schmiegen sich seine buntgetünchten Häuser an die kleine Hafenbucht. Ganz anders dagegen die Hafenstadt La Spezia mit ihrem imposanten Kriegshafen – fern vom Touristenstrom erlebt man hier typisch italienischen Alltag.

Auf der anderen Seite des Golfs, auf der Fahrt von San Terenzo nach Lerici und ins fein herausgeputzte Fischerdörfchen Tellaro, enthüllt die Riviera noch einmal ihren ganzen Charme und verwöhnt die Augen mit herrlichen Ausblicken und Postkartenmotiven. Hier wird klar, warum so viele Künstler dem Zauber der Riviera erlagen. Im Hinterland dieses im Wortsinn poetischen Golfs der Dichter liegt Sarzana, ein Treffpunkt der Antiquitätenhändler aus ganz Italien. Internationaler Handel blühte bereits vor 2000 Jahren in Luni an der Grenze zur Toskana, wo heute nur noch Ruinen an den einst reichen Marmorhafen erinnern.

Touren in der Region

Spektakuläre Steilküsten und malerische Dörfer

6 **Monterosso al Mare** ›
Vernazza › **Corniglia** ›
Manarola › **Riomaggiore**

Länge: 12 km
Dauer: 2–3 Tage (zu Fuß)
Praktische Hinweise: Einen
großen, gebührenpflichtigen
Parkplatz gibt es in Monterosso. Die Cinque-Terre-Wande-
rungen sind keine Spaziergänge, fast alle sind mit steilen
An- und Abstiegen über Treppenwege verbunden und führen zum Teil über schmale,
steinige Pfade. Gutes Schuhwerk ist unerlässlich, Trittsicherheit erforderlich, Vorsicht
bei Nässe! Zur Hauptsaison im
Frühjahr und Herbst wird es
auf den bekannteren Wegen oft
sehr voll. Dann macht man
sich am besten frühmorgens
oder nachmittags auf den Weg.

Cinque Terre / Golf von La Spezia

6 **Spektakuläre Steilküsten und malerische Dörfer** Monterosso al Mare ›
Vernazza › Corniglia › Manarola › Riomaggiore

7 **Der Golf der Dichter** Portovenere › La Spezia › S. Terenzo › Lérici
› Tellaro › Montemarcello › Ameglia › Sarzana › Luni

Wanderer finden im ***Natio-nalpark Cinque Terre viele gut markierte Wege und atemberaubende Ausblicke. Ausgangspunkt dieser Tour ist **Monterosso** ❯ S. 76, wo der etwa 12 km lange Sentiero Azzurro beginnt. Dieser klassische Cinque-Terre-Wanderweg führt in knapp fünf Stunden (reine Gehzeit) durch alle fünf Dörfer. Er ist gebührenpflichtig. Um in den vollen Genuss dieser Tour zu kommen, sollte man sich jedoch mehr Zeit nehmen.

Zur Übernachtung bieten sich das labyrinthartig verschlungene **Vernazza** ❯ S. 78 ebenso an wie

das auf einer 80 m hohen Felsklippe klebende **Corniglia** ❯ S. 78. Ab hier wird die Tour einfacher. In Groppo kann man sich bei der Cooperativa Agricultura 5 Terre ❯ S. 80 mit köstlichem Wein eindecken. Der beschauliche Fischerort **Manarola** ❯ S. 79 beeindruckt mit seinem winzigen Hafen. Hier beginnt ein besonders bequemer Tourabschnitt, die berühmte Via dell'Amore, welche in ca. 30 Minuten über in Fels gehauene Steige nach **Riomaggiore** ❯ S. 80 führt. Dort laden in der Via Cristoforo Colombo gleich mehrere Trattorien zu einer Rast ein.

Der Golf der Dichter

⑦ ❯ **Portovenere** ❯ La Spezia ❯ S. Terenzo ❯ Lérici ❯ Tellaro ❯ Montemarcello ❯ Ameglia ❯ Sarzana ❯ Luni

Länge: 70 km
Dauer: 4–5 Tage
Praktische Hinweise: Die Stichstraße nach Portovenere ist an Sommerwochenenden verstopft, im Ort gibt es kaum Parkmöglichkeiten. Von La Spezia aus fährt alle 15 Min. ein Bus (Piazza Domenico Chiodo). Bootsverbindungen gibt es ab La Spezia, Lerici und den Cinque-Terre-Orten, im Sommer auch ab Levanto, Bonassola und Moneglia.

Dass die schaumgeborene Venus hier und nicht in Zypern dem Meer entstiegen sein soll, wundert keinen Besucher von **Portovenere** ❯ S. 81. Der Bilderbuchort

verfügt über mehrere reizvolle Kirchen: In San Lorenzo kann man eine »Weiße Madonna« besichtigen, San Pietro auf einem Felskap bietet eine herrliche Aussicht auf die Cinque-Terre-Küste.

Ein Highlight ist die Bootsfahrt nach **La Spezia** › S. 82, wo man mehrere Museen besichtigen und gut nächtigen kann. Mit dem Auto sind es zwar nur 12 km, aber eine Fahrt – vorbei am großen Militärhafen – sollte man im Sommer nur wochentags einplanen.

Um auf die andere, reizvolle östliche Seite des Golfs zu kommen, muss man ihn im großen Bogen umfahren. Erst jenseits des Großraums von La Spezia zeigt sich die Riviera wieder von ihrer reizvollen Seite. Alle Ehre macht ihrem Namen die Panoramastraße nach **San Terenzo** und **Lerici** › S. 84, das sich für eine Übernachtung anbietet. Die beiden eher beschaulichen Badeorte entfalten im Sommer am Jachthafen ein geradezu mondänes Flair. Die schönste Badebucht bietet das kleine **Fiascherino,** wo die Villa Maria Grazie eine gute Unterkunft bietet. Und im romantischen **Tellaro** › S. 84 endet zwar nicht die Welt, aber die Küstenstraße.

Zwischen Lerici und **Montemarcello** › S. 85 durchquert man einen Naturpark, der sich bis zur Punta Bianca im äußersten Südosten des Golfes erstreckt. Von Bocca di Magra, dem beliebten Urlaubsort an der Mündung der Magra, bis **Ameglia** › S. 85 reiht sich Boot an Boot.

Über die fruchtbaren Magra-Ebene thront die mächtige Burg von **Sarzana** › S. 85 und bewacht die Grenze zur Toskana, an der die Ruinen der untergegangenen Römerstadt **Luni** › S. 86 auf Archäologie-Fans warten.

4 Unterwegs in ***Cinque Terre

Monterosso

Monterosso ist der größte Ort der Cinque Terre. Das typische Cinque-Terre-Ambiente mit steilen Gassen und bis auf die Dorfpiazza gezogenen Fischerbooten findet man hier allerdings nicht. Dafür lockt Monterosso mit dem einzigen Badestrand, der diesen Namen verdient, und bietet zudem die größte Auswahl an Hotels und Restaurants.

In Monterosso steht auch die älteste der fünf Cinque-Terre-Pfarrkirchen, San Giovanni Battista (Anfang 14. Jh.), die dem genuesischen Schutzpatron Johannes dem Täufer geweiht ist. Aus Genua kamen damals Künstler wie Luca Cambiaso, Bernardo Castello und Bernardo Strozzi, deren Werke (16./17. Jh.) die am Hang gelegene Kapuzinerkirche San Francesco (1619) schmücken.

Auf dem Sentiero Azzurro bieten sich herrliche Blicke auf Berge und Meer

In Monterosse beginnt der etwa 12 km lange **Sentiero Azzurro** (Wanderweg Nr. 2, rot-weiße Markierung), der in einer Gehzeit von ca. fünf Stunden nach Riomaggiore führt. Der Wanderweg verläuft noch heute auf mittelalterlichen Saumpfaden, auf denen die Einheimischen ihre Waren transportierten. Archaische Olivenhaine, Weinberge und Gärten säumen den Weg, der spektakuläre Ausblicke auf die Küste eröffnet.

Info

■ **Parco Nazionale**
im Bahnhof
Tel. 01 87 81 70 59
www.parconazionale5terre.it
■ **Comune (Gemeindeverwaltung)**
im Bahnhof][**Tel. 01 87 81 75 06**

Wandern in den Cinque Terre

Informationen über Wanderungen in den Cinque Terre findet man im Internet unter www.5terre.de und www.italienwandern.de. Wanderkarten sind an den meisten Kiosken erhältlich. Besonders empfehlenswert: Cinque Terre 1:50 000 von Studio F. M. B. Bologna.

Die Tageskarte für den Nationalpark kostet 5 €. Es empfiehlt sich, die etwas teurere »Carta Cinque Terre« zu erwerben (an den Bahnhöfen und in den Nationalparkbüros). Sie gestattet nicht nur das Betreten der Wege, sondern auch beliebig viele Bahnfahrten zwischen La Spezia und Levanto sowie die kostenlose Benutzung der Elektrobusse in den Orten. Die »Carta Cinque Terre« ist für 1 Tag (8 €), 3 Tage (18,50 €) oder 7 Tage (34 €) erhältlich, Kinder von 4 bis 12 Jahren zahlen jeweils die Hälfte.

Hotels

■ **Porto Roca**

Via Corone 1][**Tel. 01 87 81 75 02**
www.portoroca.it

 Eines der besten Quartiere der Cinque Terre auf einem Felsen über dem Meer, fast alle Zimmer mit Balkon und Meerblick. ●●●

■ **Villa Steno**

Via Roma 109][**Tel. 01 87 81 70 28**
www.pasini.com
Kleiner Familienbetrieb mit 16 komfortablen Zimmern, schönem Garten und Ausblick. ●●●

Restaurants

■ **Miky**

Via Fegina 104][**Tel. 01 87 81 76 08**
Frischer Fisch in allen Variationen: als Antipasto, mit Nudelgerichten oder im Ofen gebacken. Di geschl. ●●

■ **Belvedere**

Piazza Garibaldi 38
Tel. 01 87 81 70 33
Ligurische Küche. Ein Genuss: Tintenfischnudeln. Winters Di geschl. ●–●●

Vernazza ②

Vernazza gilt als die Perle der Cinque Terre. Die mehrstöckigen Häuser sind wie zu einem einzigen, labyrinthartigen Bauwerk zusammengewachsen, schmale Gassen führen an reliefgeschmückten Portalen vorbei. Über den Ort wacht ein wie aus dem Felsen gewachsener mittelalterlicher Rundturm, der wie der klotzige **Sarazenenturm** am Hafen längst seine Funktion verloren hat.

Treffpunkt ist die kleine Piazza hinter der Pfarrkirche **Santa Margherita d'Antiochia** (14. Jh.)

direkt am Hafen. Um Platz zu sparen, hat die Kirche eine abgeflachte, der Piazza zugewandte Apsiswand mit eigenem Eingang.

Info

Parco Nazionale
im Bahnhof][Tel. 01 87 81 25 33

Hotel

Sorriso
Via Gavino 34][**Tel. 01 87 81 22 24**
Freundliche Unterkunft am oberen Ortsrand. Zimmer nach hinten reservieren, vorn hört man Bahnlärm. ●●

Restaurant

Gambero Rosso
Piazza Marconi 7][**Tel. 01 87 81 22 65**
Ein Klassiker mit Atmosphäre und gepflegter Küche, Mo geschl. ●●–●●●

Corniglia ③

Corniglia klebt auf einer 80 m hohen, schiffsbugartigen Felsklippe über dem Meer. Nicht Fischer, sondern Weinbauern sind hier zu Hause. Eine süffige Rarität ist der bernsteinfarbene Sciacchetrà-Wein, der hier aus wochenlang gedörrten Trauben gepresst wird. Nicht weniger süffig ist der Weißwein Cinque Terre D.O.C., der ebenso aus Albarola-, Bosco- und Vermentino-Trauben gewonnen wird. In die Streifenfassade der Pfarrkirche San Pietro (1335) ist eine Fensterrose aus weißem Carrara-Marmor eingelassen.

Großartig ist der schwindelerregende Ausblick von der Belvedere-Terrasse, 377 Stufen hoch über dem Meer, die man vom

Bahnhof aus hinaufsteigen muss, um in den Ortskern zu gelangen.

Info

Parco Nazionale
im Bahnhof][**Tel. 01 87 81 25 23**

Hotel

Agriturismo: Barrani
Via Fieschi 12][**Tel. 01 87 81 20 63**
www.barrani.it
Einfache Pension mit sechs Zimmern mit Meerblick, herzliche Atmosphäre und gute ligurische Küche. ●●

Restaurant

Da Mananan
Via Fieschi 117][**Tel. 01 87 82 11 66**
Rustikale Osteria in einem Palazzo des 14. Jhs. Spezialität: Sardinen nach Art des Hauses. Di geschl. ●●

Manarola 4

Traumhafte Aussicht auf Vernazza

Die in warmen Terracotta- und Beige-Tönen getünchten Häuser des fotogenen Fischernests Manarola kleben in einem wild verschachtelten Neben- und Übereinander auf dem felsigem Grund, als wären sie einst auf dieses knappe Land strafversetzt worden. Die Piazza des Ortes ist klein und der Hafen so winzig, dass die bunten Fischerboote an Land gezogen werden müssen und vor den Häusern auf der Hauptgasse parken.

Die aus Platznot geborene, romantische Häuserkomposition hat wie in den anderen Cinque-Terre-Orten Künstler angezogen wie Renato Birolli (1905–1959), einer der bedeutendsten italienischen Maler des 20. Jh. Sehenswert ist die gotische Pfarrkirche **San Lorenzo** aus dem 14. Jh. mit einer marmornen Fensterrose. Sie wird von einem zum Campanile umfunktionierten Wachturm flankiert.

Info

Parco Nazionale
im Bahnhof][**Tel. 01 87 76 05 11**

Hotels

■ **Il Saraceno**
Volastra][**Tel. 01 87 76 00 81**
www.thesaraceno.com
Kleines, nettes Hotel mit Terrasse in einem Dorf oberhalb von Manarola. ●●
■ **Sara & Andrea Barani**
Via Rollandi 29][**Tel. 01 87 76 09 54**
www.baranin.com

Privatzimmer und -wohnungen in hübschem Design im oberen Ortsteil. ●●

Restaurant

Cappun Magru

Via Volastra 19][**Groppo**
Tel. 01 87 92 05 63
Maurizio Bordoni ist der beste Koch
der Cinque Terre: exzellent verfeiner-
te Regionalküche. Mo/Di geschl., sonst
außer So nur abends geöffnet. ●●

Echt gut!

Shopping

Cooperativa Agricoltura 5 Terre

Loc. Groppo][**Tel. 01 87 92 04 35**
www.cantinacinqueterre.com
Die Genossenschaft von 250 Cinque-
Terre-Bauern vertreibt u. a. auch den
Süßwein Sciacchetrà.

Riomaggiore ❺

Die **Via dell'Amore** verbindet
über einen bequemen, in den Felsen gehauenen und teils betonier-
ten Steig Manarola mit Riomaggiore (ca. 30 Min.). Der Weg, der
weniger romantisch ist als sein
Name suggeriert, wurde in den
1930er-Jahren als Verbindung zu
den Pulvermagazinen angelegt.
Obwohl Riomaggiore von La Spezia her auch auf einer gut ausgebauten Straße zu erreichen ist, at-
met man hier noch den Geist
vergangener Zeiten. Einer der ersten Touristen im Dorf war der
Maler Telemaco Signorini, füh-
render Vertreter der »Macchiaio-
li«, einer Gruppe italienischer Im-
pressionisten. Ihm erging es nicht
anders als jedem Besucher von
heute: Die Cinque Terre ließen
ihn nicht mehr los. Er verbrachte

manchen Sommer hier und hielt
viele charakteristische Motive auf
Leinwand fest. Die nach ihm be-
nannte **Via Signorini** führt vom
Bahnhof hinauf zum Kirchplatz.
Man kann auch mit einem Aufzug
(ascensore) in den oberen Teil dieses übereinander verschachtelten
Dorfs gelangen. Die gotische
Pfarrkirche **San Giovanni Battista** ist die jüngste der Cinque-Ter-
re-Kirchen (14. Jh.). Weltlichere
Genüsse findet man an der **Via
Cristoforo Colombo**, die flankiert von einladenden Cafés, Trattorien und Geschäften zum Meer
hinunter führt.

Einen Panoramablick der Su-
perlative über die gesamte Küste
hat man von der Wallfahrtskirche
Madonna di Montenero südlich
von Riomaggiore aus (45 Min.
Gehzeit von Riomaggiore aus,
15 Min. von der Straße aus). Das
Restaurant im ehemaligen Refek-
torium des Klosters bietet gute ligurische Küche. ●●

Echt gut!

Info

Infos und Unterkunftsverzeichnis:
www.parconazionale5terre.it

Unterkunft

Agentur Edi Vesigna

Via Colombo 110][**Tel. 01 87 92 03 25**
edi-vesigna@iol.it
Vermittelt Privatzimmer/-wohnungen.

Aktivitäten

Diving Center 5 Terre

im Durchgang zum Hafen
Tel. 01 87 92 00 11
www.5terrediving.com
Das Tauchcenter bietet Tauchkurse an.

Am Golf von La Spezia

5 **Porto-venere 6

Portus Veneris, Hafen der Venus, nannten die Römer dieses herrliche Fleckchen Erde am Golf von La Spezia, den die Genuesen im Jahr 1113 erwarben. Sie verwandelten das Fischerdorf in eine Festung gegen Piraten und ihrem ärgsten Rivalen Pisa, die in der Burg in Lerici am gegenüberliegenden Ufer des Golfs saßen. Im Ernstfall konnten die Klippen mit rutschigem Talg beschmiert werden, während die Frauen aus den Fenstern Teer oder heißes Öl auf die Feinde gossen.

Aussicht vom Castello Doria

Über dem Ort thront stolz das **Castello Doria**, das 1162 errichtet, im 15. Jh. zerstört, und im 16. und 17. Jh. wieder aufgebaut wurde (April–Okt. 11–14 und 15.30 bis 19 Uhr, Nov.–März nur Sa/So 10.30–19 Uhr).

In malerischer Lage erhebt sich die romanisch-gotische Kirche *San Lorenzo über dem Ort. Sie wurde 1131 geweiht, aber nach einem Brand im 14. Jh. vollständig erneuert. Bemerkenswert sind in der Portallünette das »Martyrium des hl. Lorenz« und im Inneren ein kleines Marienbild: Engel sollen die »Weiße Madonna« auf Pergament gemalt haben, um 1399 eine schlimme Pestepidemie abzuwenden. Alljährlich am 17. August leuchtet die Kirche bei einer nächtlichen Prozession eindrucksvoll im Fackelschein.

Eine lange Freitreppe verbindet die Oberstadt mit der Calata Doria am **Hafen, wo vor den hübsch bunt getünchten Häusern emsiges Treiben herrscht. Vor dieser Bilderbuchkulisse wurden viele Filme gedreht. Der Wehrturm aus dem 12. Jh. markiert den Eingang ins mittelalterliche Gassengewirr. Hauptader ist die Via Capellini mit netten Läden.

Am Ende der Via Capellini sieht man auf einem Felskap die Kirche *San Pietro (ab 1250) mit schönem Ausblick auf die Cinque Terre-Küste. Am Fuß des Felsens erinnert die Grotta Byron an den englischen Dichter des 19. Jhs., der sich gern hierher zurückzog, um lauthals seine Verse zu deklamieren – nachdem er quer über den Golf geschwommen war. Jeden August erinnert die Coppa Byron, ein Wettschwimmen nach San Terenzo-Lerici, an den prominenten Besucher.

IAT-Büro
Piazza Bastreri 1][Tel. 01 87 79 06 91
www.portovenere.it

Paradiso
Via Garibaldi 34][Tel. 01 87 79 06 12
www.hotelportovenere.it
Echt gut! Familiäres Hotel mit stilvoll mediterran eingerichteten Zimmern und Meerblick. ●●●

■ **Taverna del Corsaro**
Calata Doria 102][Tel. 01 87 79 06 17
Fisch ist Trumpf in diesem stimmungsvollen Lokal, Do geschl. ●●

■ **Antica Osteria del Carrugio**
Via Capellini 66][Tel. 01 87 79 06 17
Sympathisches Restaurant im Zentrum, hier isst man u. a. das traditionelle Suppengericht *mesciüa*. ●

■ **Trattoria Iseo**
Calata Doria 9][Tel. 01 87 79 06 10
Echt gut! Das sonntägliche Fischessen vor den Fischerpalästen ist ein Erlebnis. ●●

Ausflug zur Isola Palmaria 🔳

Von Portovenere erreicht man in einer zehnminütigen Bootsfahrt die Isola Palmaria, eine mit dichter Macchia bewachsene, höhlenreiche Felseninsel, auf der Reste steinzeitlicher Siedlungen ans Tageslicht kamen. Die Ruinen der

Abtei San Venerio liegen auf der viel kleineren **Isola del Tino**, die nur zum Venerio-Fest am 13. Sept. und am darauf folgenden Sonntag besucht werden darf.

■ **Consorzio Marittimo Turistico 5 Terre**
Tel. 01 87 73 29 87
www.navigazionegolfodeipoeti.it
Inselrundfahrt und Küstentouren.
■ **Consorzio Barcaioli Portovenere**
Tel. 34 78 02 48 17
www.barcaioliportovenere.com
Fähre zur Insel und Rundfahrten.

Locanda Lorena
Isola di Palmaria][Tel. 01 87 79 23 79
www.locandalorena.com
Hübsches kleines Strandhotel mit Blick auf Portovenere (Reservierung lange im Voraus! März–Nov., Mi geschl.). ●●

La Spezia 🔳

Schon Napoleon beeindruckte die optimale strategische Lage des Hafens von La Spezia. Aber erst in der Mitte des 19. Jh. ließ der erste Ministerpräsident des geeinten Italiens die Stadt zum Kriegshafen der italienischen Marine ausbauen. La Spezia ist heute Italiens wichtigster Marinestützpunkt und mit 95 000 Einwohnern die zweitgrößte Stadt Liguriens. Jugendstilvillen an den Hängen und die großen Stadtpaläste an der Piazza Giuseppe Verdi und in der Via Domenico Chiodo sind gut erhaltene Zeugnisse der Stadtentstehung. Heute besucht man die verkehrsreiche Industrie- und Hafenstadt vor allem, um mit der Fähre zu den Inseln Elba und Korsika zu gelangen.

6 Einige interessante Museen La Spezias lohnen eine Besichtigung, so insbesondere das **Museo Amedeo Lia**, das in einem ehemaligen Franziskanerkloster des 17. Jhs untergebracht ist. Es zeigt hochkarätige Kunst des 13. bis 18. Jhs., darunter Meisterwerke von Pontormo, Tizian und Tintoretto (Via del Prione 234, www.laspezia.net, Di–So 10–18 Uhr).

Arkaden auf der Piazza Giuseppe Verdi von La Spezia

Das ***Centro d'Arte Moderna e Contemporanea** beherbergt Grafiken und Gemälde aus der Zeit nach 1950, u. a. von Uecker, Calder, Vasarely, Burri und Soto, sowie zeitgenössische Kunst (Piazza Cesare Battisti 1, Di–Sa 10–13, 15–19, So 11–19 Uhr).

Das **Museo Tecnico Navale**, präsentiert historische Schiffsmodelle und Taucherglocken, auch Galionsfiguren, darunter die 1864 im Atlantik gefundene barbusige »Atlanta« (Viale Amendola 1, Mo–Sa 8–18.45, So 8–13 Uhr).

Glanzstück der archäologischen und volkskundlichen Sammlungen im **Museum im Castello San Giorgio** (13./16. Jh.) bilden die berühmten Lunigiana-Stelen, stilisierte Figurensteine aus der Bronze- und Eisenzeit (um 2000 v. Chr.), sowie Funde aus dem römischen Luni (Via XXVII Marzo, Mi–Mo 9.30–12.30, April, Mai, Sept. auch 15–19, Juni–Aug. 17–20, Nov.–März 14–17 Uhr).

Ein nächtliches **Feuerwerk begleitet den Palio del Golfo,** eine Ruderregatta, die alljährlich am ersten Augustsonntag in La Spezia stattfindet.

Info

APT
Viale Mazzini 45][**Tel. 01 87 77 09 00**
www.aptcinqueterre.sp.it

Hotel

Firenze e Continentale
Via Paleocapa 7][**Tel. 01 87 71 32 10**
www.hotelfirenzecontinentale.it
Stilvolles, komfortables Haus in Bahnhofsnähe mit großen Zimmern. ●●

Restaurant

Aütedo
Viale Fieschi 138][**Ortsteil Marola**
Tel. 01 87 73 60 61
Ligurische Spezialitäten im alten Seemannsviertel, Mo geschl. ●●

Die Chiesa di San Giorgio in Tellaro

San Terenzo 9 und Lerici 10

In **San Terenzo** logierten der Künstler Arnold Böcklin und die Dichter Lord Byron und Percy B. Shelley. Letzterer fand hier Anfang Juli 1822 ein tragisches Ende, als sein Segelschiff bei der Rückfahrt von Livorno in einen Sturm geriet und unterging. Zusammen mit seiner Frau Mary, deren Feder das Monster Frankenstein entsprungen ist, verbrachte Shelley einige Sommer in der weißen Villa Magni an der Uferpromenade in San Terenzo (Privatbesitz).

Der touristische Bauboom hat San Terenzo mit **Lerici** verschmolzen, was den Charme der beiden hübschen Ferienorte jedoch nicht beeinträchtigt. Ortsbeherrschend ist das imposante Castello von Lerici aus dem 13. Jh. Ein Publikumshit sind die **computeranimierten Dinosaurier** und

simulierten Erdbeben des Museo Geo-Paleontologico der Burg (Di bis So 10.30–13, 14–18, Juli, Aug. bis 23 Uhr, www.castellodilerici.it).

*Tellaro 11

Das beschauliche Tellaro hat sich mit seiner aus den Felsen wachsenden Kirche und den farbigen verschachtelten Häusern noch den Charme eines Fischerdorfs bewahrt. Auf der *piazzetta* treffen sich die Einheimischen. Enge

Echt gut!

Gässchen und Treppen laden ein, den mittelalterlichen Ortskern zu erkunden. Der Romanautor David. H. Lawrence ließ sich im nahen Fiascherino nieder, ein hübscher kleiner Badeort.

Hotel

Villa Maria Grazia
Via Fiascherino 7][**Fiascherino**
Tel./Fax 01 87 96 75 07
www.villamariagrazia.it
Wenige Zimmer inmitten von herrlichen Olivenhainen. ●—●●

Restaurant

Miranda
Via Fiascherino 92][**Fiascherino**
Tel. 01 87 96 81 30
Hervorragendes Fischrestaurant mit Michelin-Stern, Mo geschl. ●●●

Montemarcello 12 und Ameglia 13

Wie eine Galionsfigur hängt **Montemarcello** auf einem Kap über dem Meer. Schmale Gassen zwischen steinernen oder rosafarbenen Häusern, Jasminduft und eine prachtvolle Aussicht haben viele Mailänder angelockt, die sich in alten Bauernhäusern, Ölmühlen und mittelalterlichen Wachttürmen eingerichtet haben.

Um den Burghügel von **Ameglia** stehen die Bauern- und Fischerhäuser besonders eng zusammen. Vom Kirchenvorplatz **genießt man den Ausblick auf die Ebene von Luni** und die Apuanischen Alpen, die schon zur Toskana gehören.

Info

IAT-Büro
Via XXV Aprile][**Ameglia**
Tel. 01 87 60 05 24

Restaurant

Dai Pironcelli
Via della Mura 45][**Montemarcello**
Tel. 01 87 60 12 52
Regionale Fisch- und Fleischgerichte, nur abends geöffnet, Mi geschl. ●●

Sarzana 14

Sarzana (20 100 Einwohner) liegt landeinwärts. Das Städtchen wurde im 10. Jh. zum Schutz gegen die häufigen Sarazenenüberfälle gegründet. Seine Bedeutung als regionales Handelszentrum erhielt es, als es im Jahr 1204 vom blühenden römischen Luni den Bischofssitz übernahm. Durch seine günstige Lage an der Grenze zur Toskana wurde Sarzana abwechselnd von Pisa, Lucca, Mailand, Genua und Florenz hofiert. Im Mittelalter zogen Pilger hier auf einer der wichtigsten Fernrouten nach Rom und ins Heilige Land. Im Auftrag von Lorenzo de'

Trödel und Antiquitäten

In den ersten beiden Augustwochen kommen Trödler aus ganz Italien nach Sarzana, um bei der »Soffitta in strada« Trödel und Gebrauchtes in den Altstadtgassen auszubreiten, während die Antiquitätenhändler ihre wertvolleren Altertümer zeitgleich im prachtvollen Palazzo degli Studi ausstellen.

Medici entstand 1488 die mächtige, von Wallgräben umgebene **Cittadella,** an der auch Renaissancebaumeister Giuliano da Sangallo mitwirkte. Noch eindrucksvoller ist die nordöstlich der Stadt auf einem Hügel gelegene ***Festung Sarzanello** mit dreieckigem Grundriss. Die Nachbarschaft zur Toskana spiegelt sich in der Baukunst wieder und im vielfach verwendeten Carrara-Marmor (www. fortezzadisarzanello.com).

Die romanisch-gotische Kathedrale ***Santa Maria Assunta** (13./15. Jh.) birgt bedeutende Kunstwerke, darunter das ***Kruzifix des Meisters Guglielmo** (1138) und zwei marmorne Flügelaltäre von Leonardo Riccomanni aus Pietrasanta (15. Jh.).

■ **Il Cantinone**
Via Fiasella 59][**Sarzana**
Tel. 01 87 62 79 52
Traditionsreiche Küche in einem ehemaligen Weinkeller, Mo geschl. ●●

 ■ **Für Weinkenner lohnt sich ein Ausflug nach Castelnuovo Magra.**
In der Enoteca pubblica im **Rathaus** (**Tel. 01 87 67 53 94**) und in der alten Mühle Mulino del cibus in **Canale** (**Tel. 01 87 67 61 02**) bekommt man beste ligurische Tropfen.

Luni 🔢

Die Römer hatten die Siedlung Luni im 2. Jh. v. Chr. als antiligurische Militärfestung anlegen lassen, die sich bald zu einem lebendigen Hafen entwickelte. Hier wurden Wein und Käse aus der toskanischen Lunigiana, Holz aus den Apenninwäldern und Marmor aus den Apuanischen Alpen nach Rom verschifft. Doch mit dem Niedergang des römischen Imperiums ließ die Nachfrage nach Marmor nach. Zudem schwemmte der Magra-Fluss so viel Material an, dass Luni zu verlanden begann. Die Bevölkerung siedelte nach Sarzana um, der Hafen verwaiste. 1837 begann man mit Ausgrabungen. Ans Tageslicht kamen Reste des Forums, ein Dianatempel sowie Villen mit Mosaiken und Freskenfragmenten wie die **Casa dei Mosaici** (3./4. Jh. v. Chr.) und die **Casa degli Affreschi**. Den besten Erhaltungszustand zeigt das einst 5000 Zuschauer fassende Amphitheater aus dem 2. Jh. n. Chr. Im **Museo Archeologico Nazionale** belegen Statuen und Kaiserbüsten das künstlerische Niveau im antiken Hafen Luni, der heute 2 km vom Meer entfernt liegt (Di–So 8.30–19.30 Uhr).

IAT-Büro Ameglia
Viale XXV Aprile 60
Tel. 01 87 60 05 24

Locanda dell'angelo
Viale XXV Aprile 60][**Ameglia**
Tel. 0 18 76 43 91
www.paracucchilocanda.it
Das stilvolle Hotel liegt mitten im Grünen, umgeben von den Ruinen des antiken Luni. ●●●

Fischer in Noli an der Palmenriviera

Die Palmenriviera

Nicht verpassen!

- Die Märchenwelt der Tropfsteinhöhlen von Toirano
- »Küsse aus Alassio« im stilvollen Caffè Balzola
- Einen Morgenspaziergang am Sandstrand von Alassio
- Ein Risotto mit Steinpilzen in Calizzano
- Ein Kammerkonzert unter dem Sternenhimmel von Cervo

Zur Orientierung

Feine Sandstrände und von Palmen gesäumte Uferpromenaden – sie sind sozusagen das Markenzeichen der Palmenriviera. Westlich von Genua bildet die »Riviera delle Palme« zwischen Varazze und Cervo den ersten Küstenabschnitt der Riviera di Ponente, die bis an die französische Grenze bei Ventimiglia reicht.

Die schönsten dieser elfenbeinfarbenen bis hellrosa Sandstrände findet man in Noli, Varigotti, Alassio und Laigueglia. Im Hochsommer, speziell im August, herrscht hier Hochbetrieb, wenn sich das gesamte italienische Leben ans Meer verlagert.

Moderne Keramikkünstler haben die Strandpromenade in Albisola Marina mit ihren Werken gepflastert. Das Stadtbild von Noli und vom vieltürmigen Albenga zeigt dagegen die Handschrift mittelalterlicher Baumeister, während die Provinzkapitale Savona den Zeitgeist unserer Tage spiegelt, im Hafen treten die neuesten Modelle von Fiat und Lancia ihren Weg in die Welt an.

Eine erfrischende Abwechslung zum Strandrummel bieten Tagestouren in die Höhlen von Borgio Verezzi und Toirano, die zu den attraktivsten Ausflugszielen der Ponente gehören. Beschauliches bietet auch eine Wanderung auf einem Abschnitt des ligurischen Höhenwegs im Naturpark Monte Beigua.

Kulturelle Aktivitäten kommen an der Palmenriviera nicht zu kurz. So ist das sommerliche Theaterfestival in Borgio Verezzi auch für Besucher ohne Italienisch-Kenntnisse ein Erlebnis. Musikliebhaber genießen die renommierten Kammerkonzerte auf dem romantisch beleuchteten Kirchplatz von Cervo.

Das andere Ligurien kann man bei einer Fahrt ins grüne Hinterland entdecken. In den Hügellandschaften zwischen den ligurischen Alpen und Apennin fühlt man sich ins Voralpenland versetzt.

Der Vegetationsreichtum des Savonese, wie man das Umland von Savona mit seinen waldreichen Hügeln, offenen Tälern und bis zu 1200 m hohen Berghängen nennt, ist sprichwörtlich in Ligurien. Die Täler der Bormida, das Varatella- und das Neva-Tal sind beliebte Ausflugsziele und bevorzugte Reviere für passionierte Jäger und Pilzsammler – sowie für Feinschmecker: Ob in Millesimo, Murialdo oder Calizzano – überall gibt es Märkte und Feste rund um die köstlichen »prodotti tipici« der Region, das heißt Pilze, Beeren, Honig, Wildschwein-Schinken und -Salami.

Die grünen Berge der Palmenriviera sind auch Burgenland, wovon Orte wie Castelvecchio di Rocca Barbena oder Zuccarello im Neva-Tal zeugen.

Touren in der Region

Palmen, feine Sandstrände und Tropfsteinhöhlen

8 **Varazze › Albisola Marina › Savona › Noli › Finale Ligure › Borgio Verezzi › Pietra Ligure › Loano › Toirano › Albenga › Alassio › Laigueglia › Cervo**

Länge: 65 km (ohne Besuch der Höhlen)
Dauer: 3–4 Tage
Praktische Hinweise: Alle Küstenorte (außer Noli und Varigotti) sind Bahnstationen und ermöglichen es, auf das Auto zu verzichten. Für die Autofahrt entlang der Küste gibt es zwei Möglichkeiten: die deutlich schnellere Autostrada, die meist hoch über der Küste verläuft, oder die Staatsstraße (SS1) Via Aurelia, die durch das kaum unterbrochene Band an Ortschaften entlang der Palmenriviera hindurchführt.

Varazze › S. 93 ist ein umtriebiger Ferienort und als Ausgangspunkt für eine Tour entlang der Küste ebenso geeignet wie für einen Ausflug zum Naturpark des 1287 m hohen ***Monte Beigua** › S. 93. Vorbei am hübschen Badeort **Celle Ligure** kommt man nach Albisola, das genau genommen aus zwei nur durch das Flussbett der Sansobbia getrennten Kommunen besteht: **Albisola**

Superiore und der Keramikstadt **Albisola Marina** › S. 94. Von hier sind es nur 5 km ins Zentrum von **Savona** › S. 94, das vor allem als Fährhafen für Sardinien und Korsika bekannt ist. Doch Savonas Altstadt bietet auch Sehenswertes und ist mit seinen eleganten Einkaufsarkaden der Via Paleocapa ein beliebtes Shoppingziel.

Südlich von Vado Ligure lockert die Besiedlung etwas auf, und die Küstenstraße bietet immer wieder traumhafte Ausblicke auf das tiefblaue Meer. Gegenüber von Spotorno liegt die kleine Isola di Bergeggi, heute ein Naturschutzgebiet, das man nicht betreten darf. Vor der mittelalterlichen Kulisse des Nachbarorts ***Noli** › S. 96 lebt im September die große Vergangenheit wieder auf, wenn das historische Bootsrennen der Regata Storica abgehalten wird.

Das Finalese, das Gebiet zwischen den Felsvorsprüngen des Capo Noli und des Capo Caprazoppa südlich von Finale Ligure, ist einer der reizvollsten Küstenabschnitte der Palmenriviera. Steil fallen die Kalkfelsen hier ins Meer, und terrassierte Berghänge schieben sich so nahe an die Küste, dass eine Zersiedlung nicht möglich war. Wanderfreunde finden hier schöne Routen, z. B. von Noli nach Varigotti und Finale Ligure. Eine gute Wanderkarte (*Carta dei Sentieri* »Finale Ligure – Varigotti – Noli«) gibt es in den meisten Geschäften vor Ort.

*Finale Ligure › S. 98 ist ein beliebter Badeort, bietet er doch alles, was man für einen angenehmen Urlaub braucht: einen langen Strand, Palmen und eine hübsche Altstadt, in der man nett bummeln und gut essen kann. Vergleichbares läßt sich auch über viele weitere Badeorte in der Gegend wie **Pietra Ligure** und **Loano** ❯ S. 100 oder das kleine Ceriale auf dem Weg ins 20 km entfernte Albenga sagen.

Südlich von Finale Ligure liegt leicht zu erreichen am Ortsrand von **Borgio Verezzi** ❯ S. 100 eine Tropfsteinhöhle, die einen Vorgeschmack auf die Höhlen in ****Toirano** ❯ S. 101 gibt, die einige Kilometer landeinwärts von Loano auf kleine und große Höhlenforscher warten.

*Albenga ❯ S. 101 braucht einen zweiten Blick, um hinter dem kleinstädtischen Alltagslook touristische Glanzlichter zu entdecken, wozu die gut erhaltene Altstadt mit ihren lauschigen Plätzen und mittelalterlichen Türmen gehört. Hübsche Geschäfte und Cafés laden zum Verweilen ein.

Ins knapp 7 km entfernte Seebad **Alassio** ❯ S. 102 mit dem 4 km langen Sandstrand fährt man am besten auf der Küstenstraße, denn die Autobahn macht einen großen Bogen um die Ebe-ne von Albenga, um sich erst bei Andora und ***Cervo** ❯ S. 103 wieder der Küste anzunähern.

Üppiges Grün zwischen Alpen und Apennin

🔴 9 🔴 **Savona** ❯ **Altare** ❯ **Carcare** ❯ **Millesimo** ❯ **Nostra Signora del Deserto** ❯ **Lago di Osiglia** ❯ **Murialdo** ❯ **Calizzano** ❯ **Bardineto** ❯ **Castelvecchio di Rocca Barbena** ❯ **Zuccarello** ❯ **Albenga**

Länge: 90 km
Dauer: 3 Tage
Praktische Hinweise: Savona bietet sich als Startpunkt für die ganze Tour an, man kann sie natürlich auch in umgekehrter Reihenfolge oder in Teiletappen fahren. Eine schöne Variante ist z.B. die Fahrt auf der Panoramastraße von Finale Ligure über den Colle di Melogno (1028 m) nach Calizzano.

Erste Station nach **Savona** ❯ S. 94 ist **Altare** ❯ S. 104, das man nach 14 km auf der Staatsstraße Sp 29 über den kleinen Pass Colle di Cadibona (335 m) erreicht. Die Hügel rund um Cadibona markieren die geologische Grenze

Die Palmenriviera][Touren in der Region

Karte
Seite 91

Parco Regionale del Monte Beigua

Sassello **4**

Genova **2**

Pontinvrea

Piana

Giusvalla

Stella

Varazze **1**
8

Celle Ligure
3
Albisola Marina

Bc. del Sere
Dego ▲ 609

Montenotte

Buzurou
▲ 669

Piemont

Saliceto

Cairo Montenotte

Carcare

Savona **5**

Vado Ligure **6**

Millesimo **18**

Pallare

Santuario Nostra
Signora del Deserto **19**

Mallare

956
▲ Monte Alto

Bergeggi

Isola di Bergeggi **8**

Spotorno

Noli **7**

Murialdo
21

9

Lago di Osiglia

20

Bormida

Ligurien

Manie

Varigotti

Finale Pia
Finalborgo

Finale Ligure **8**
Finale Marina

Verezzi

Grotta Valdemino **9**
Borgio
10
Pietra Ligure

A L P I

Calizzano **22**

Bardineto **23**

1889
▲ Monte Carmo

Grotte di Toirano

Loano **11**

Toirano **12**

Borghetto S. Spirito

Balestrino

Berioli

9

Castelvecchio di Rocca Barbena
Zuccarello
25

24

8

Albenga **13**

Isola Gallinara

Monte Galero
▲ 1708

Piemont

Arnasco

Villanova d'Albenga

Garessio

Ranzo

Alassio **14**

Laigueglia **15**

Capo Mele

Pieve di Teco

**LIGURISCHES
MEER**

Evigno

Cervo **16**
8

Imperia

Borgomaro

Palmenriviera

0   5 km

91

Baptisterium in Albenga

zwischen Alpen und Apennin. Vorbei am Industrie-Standort Carcare kommt man in **Millesimo** › S. 104 (16 km) zum Hauptort des Bormida-Tals mit einer imposanten Burgruine. 3 km südlich von Millesimo lädt das Naturschutzgebiet Bric Tana mit seinen ungewöhnlichen Karstformationen zu einer reizvollen Wanderung ein. Mitten im Kastanienwald liegt ein vielbesuchter Marienwallfahrtsort: das *Santuario Nostra Signora del Deserto › S. 105. Ein Abstecher führt zum 3,5 km langen Stausee *Lago di Osiglia › S. 105, der sich zu einem beliebten Ausflugsziel von Surfern, Seglern und Kanuten entwickelt hat. Osiglia bietet sich für eine Übernachtung an.

Über das stille **Murialdo** › S. 106 kommt man nach *Calizzano › S. 106, einen herrlich gelegenen, hübschen Ferienort mitten in einer offenen Talmulde mit Kastanien-, Buchen- und Tannenwäldern und gut ausgeschilderten Wanderwegen. Im Ortsteil Frassino steht die Kirche Madonna delle Grazie an der Straße zum Melogno-Pass (1028), die sich – begleitet von fantastischen Ausblicken – nach Finale Ligure hinunterschraubt.

Das Bormida-di-Millesimo-Tal aufwärts sind es von Calizzano aus rund 6 km bis ins kleine Alpendorf **Bardineto** › S. 106.

Von *Castelvecchio di Rocca Barbena › S. 107 geht es auf einer kurvenreichen Panoramastraße ins 300 m tiefer gelegene Bilderbuchörtchen *Zuccarello › S. 107, das mit seiner laubengesäumten Hauptstaße eines der schönsten ligurischen Dörfer und zweiter Übernachtungsort ist. Hier ist es nicht mehr weit bis an die Küste, die sich in der zersiedelten Ebene anfangs nicht von ihrer attraktivsten Seite zeigt, aber in *Albenga › S. 101 einen guten Zielpunkt für diese Tour findet.

Unterwegs an der Palmenriviera

Varazze ❶

Nur 13 km von Savona entfernt liegt Varazze (13 700 Einwohner). Es besitzt einen großen Jachthafen und mehrere Segelschiffwerften sowie eine schöne Altstadt mit der Pfarrkirche **Sant'Ambrogio**. Die neubarocke Fassade datiert auf das Jahr 1914, der Bau selbst geht jedoch auf das 16. Jh. zurück. Den Innenraum schmückt das mehrteilige Altarbild »Der hl. Ambrosius mit Heiligen und musizierenden Engeln« des genuesischen Malers Giovanni Barbagelata (um 1500).

Reizvoll sind nicht nur die 1,5 km Strand und der kilometerlange Uferweg im Osten, sondern auch das hügelige Hinterland mit Weinbergen und Olivenhainen, ideal für Rad- und Mountainbike-Touren beispielsweise zum Monte Beigua.

Info

IAT-Büro
Corso Matteotti 56
Tel. 0 19 93 50 43

Hotel

El Chico
Strada Romana 63
Tel. 0 19 93 13 88
www.bestwestern.it
Das moderne First-Class-Hotel mit Pool und Meerblick liegt auf einem Hügel im Grünen, 2 km vom Zentrum und 1 km vom Strand entfernt. ●●●

Restaurant

Da Matteo
Corso Matteotti][**Tel. 01 99 72 79**
Beliebtes Fischrestaurant.
Mo geschl. ●●

Shopping

Olmo Fahrradmanifaktur
Via Aurelia 22][**Celle Ligure**
Tel. 0 19 99 01 57
Fabrikverkauf von Top-Rennrädern aus der Olmo-Fabrikation in Celle Ligure.

7 Ausflug in den Beigua-Naturpark ❷

Ein Ausflug von Varazze in den Beigua-Naturpark und auf den 1287 m hohen ***Monte Beigua** (20 km) wird mit einer grandiosen Aussicht belohnt, an klaren Tagen bis zum Monte Rosa im Norden und bis Korsika im Süden. Dass die Südhänge des Bergs so nackt sind, ist nicht nur klimatischen Faktoren zuzuschreiben. Vom Mittelalter an sind die Wälder am Berg für die Industriebetriebe an der Küste bedenkenlos abgeholzt worden; Waldbrände setzen den trockenen Kiefernwäldern noch heute stark zu. Den dunkelgrünen Serpentin des Bergs verwendeten mittelalterliche Baumeister für die charakteristischen Zebrafassaden vieler ligurischer Kirchen und Palazzi. Lange vor ihnen haben Hirten vor etwa 5000 Jahren auf den vegetationsarmen Serpentinwänden des Monte Beigua einzigartige **Felszeichnungen** hinterlassen (www. parcobeigua.it).

Albisola Marina 3

Prominente Keramikkünstler wie Agenore Fabbri, Lucio Fontana und Aligi Sassu, der Däne Asger Jorn und der Kubaner Wifredo Lam haben den bunten Fliesenteppich auf der Uferpromenade **Lungomare degli Artisti** in Albisole Marina gestaltet. Die Töpfertradition geht hier auf das 16. Jh. zurück und ist bis heute ungebrochen. Die Geschichte der Keramikindustrie dokumentiert das **Museo Manlio Trucco** in **Albisola Superiore** (Piazza San Francesco, Di–Fr 10–16, Sa, So 10–12.30 und 16–20 Uhr).

Info

IAT-Büro
Piazza Lam][Tel. 01 94 00 25 25
albisola@inforiviera.it

Hotel

Park Hotel
Albisola Capo][Via Alba Docilia 3
Tel./Fax 0 19 48 23 55
Kleines, feines Haus mit nur elf Zimmern; gute Ausgangsbasis für Wanderungen in die Berge. ●—●●

Restaurants

■ **La Familiare**
Piazza del Popolo 8
Tel. 0 19 48 94 80

Der Name ist hier Programm – gute ligurische Küche. Mo geschl. ●●

■ **Riobasco**
Piazza della Libertà 9
Tel. 0 19 48 33 47
Gute Hausmacherküche von sizilianischen Wirten zubereitet, So geschl. ●

Shopping

Ceramiche San Giorgio
Corso Matteotti 5, Albisola Marina
Einer der traditionsreichen Keramikbetriebe im Ort.

Ausflug nach Sassello 4

Das 385 m hoch gelegene Sassello (23 km von Albisola) ist ein beliebtes Ausflugziel im Hinterland mit einem reizenden historischen Ortskern. Hierher fährt man, um in den Genuss der köstlichen Amaretti-Mandelplätzchen zu kommen, für die der Ort bekannt ist. Auf dem Weg liegt das Dorf **Stella**, ein politisches Pilgerziel. Es ist der Geburtsort und die Begräbnisstätte von Sandro Pertini (1896–1990), der für seine moralisch-politische Redlichkeit gerühmte frühere Staatspräsident Italiens.

Savona 5

Vom Hafen Savonas (62 000 Einwohner) aus werden die fabrikneuen Fiat- und Lancia-Automobile, die in Turin hergestellt werden, in alle Welt verschifft. Schon vor 2000 Jahren war die Stadt ein prosperierender Handelshafen, der aber auch den Neid der Genueser und Römer weckte. Unter der Führung Andrea Dorias gelang es den Genuesern letztlich, Savona 1528 in die Knie zu zwingen. Sie zerstörten Teile der Stadt und schütteten den Hafen zu. Im Zweiten Weltkrieg erlitt Savona schwere Bombenschäden. Heute ist es vor allem eine Industrie- und Hafenstadt.

Zwischen Hafen und Dom

Aus dem Mittelalter sind am alten Hafen noch drei Türme erhalten, darunter der **Torre di Leon Pancaldo**, benannt nach dem savonesischen Seefahrer, der Magellan 1521 bei seiner Weltumsegelung begleitete. Im 15. Jh. bereicherten die Della Rovere die Heimatstadt ihrer Familie: Sixtus IV. ließ an den Kreuzgang des Doms als Grabstätte seiner Eltern die **Sixtinische Kapelle** anbauen, die im Settecento ihren heutigen Rokoglanz bekam (Sa, So 16–18, März–Nov. auch 10–12 Uhr). 1495 beauftragte Giuliano della Rovere, der spätere Papst Julius II., den toskanischen Architekten Giuliano da Sangallo mit dem Bau des **Palazzo della Rovere** (Innenräume nicht zu besichtigen). Rund 100 Jahre später entstand der heutige Dom. Die Genuesen, die Savona im Jahr 1528 erobert hatten, ließen ein ganzes Viertel samt dem ehemaligen Dom und Bischofspalast niederwalzen, um an seiner Stelle die **Zwingburg Priamar** (1542/43) zu errichten. Zu den Kostbarkeiten

Fronleichnamsprozession in Savello

des an der jetzigen Stelle neu errichteten **Doms** gehören ein holzgeschnitztes Chorgestühl (Anfang 16. Jh.), ein Marmorkruzifix (15. Jh.) sowie Werke der Renaissancekünstler Ludovico Brea, Luca Cambiaso und Albertino Piazza (Chorgestühl nur Sa vormittag und 16–17.15 Uhr). Die nah gelegene Rokokokapelle **Nostra Signora di Castello** bewahrt ein mehrteiliges Altarbild von Vincenzo Foppa und Ludovico Brea. Eine Gemäldesammlung mit bedeutenden Werken des 15. Jhs. zeigt die **Pinacoteca Civica**, die im Palazzo Gavotti untergebracht ist (Mo, Mi, Fr 8.30–13, Di, Do 14–19, Sa 8.30–13, 15.30–18.30, So 10–13 Uhr).

Via Paleocapa und Priamar

Um die Atmosphäre Savonas zu erleben, sollte man durch die Arkaden der Hauptgeschäftsstraße Via Paleocapa und ihre mittelalterlichen Seitengassen schlendern sowie zur Festung Priamar hinaufsteigen. Dort zeigt das **Mu-**

seo **Archeologico** eine Nekropole und römische Bodenmosaiken (Di–Sa 10–12.30 und 15–17, So 10–12 Uhr). Im **Museo Sandro Pertini** sind Zeichnungen zeitgenössischer italienischer Künstler zu sehen (Mo–Sa 8.30–13 Uhr).

Info

IAT-Büro
Corso Italia 157][Tel. 01 98 40 23 21
www.comune.savona.it

Hotel

Mare Hotel
Via Nizza 89][Tel. 0 19 26 40 65
www.marehotel.it
Elegant und komfortabel, direkt am Meer gelegen mit Poolterasse. ●●

Restaurants

■ **Osteria Bacco**
Via Quarda Superiore 17 r
Tel. 01 98 33 53 50
Hafenlokal mit ligurischer Küche zu angemessenen Preisen. So geschl. ●●

■ **Antica Osteria Bosco delle Ninfe**
Via Ranco 10][Tel. 0 19 82 39 76
Lokal in schöner Lage mit traditionellen Gerichten. ●●

■ **Mercato Coperto**
in der Via Giuria in Hafennähe
Echt gut! Hier kann man sich morgens **ein herzhaftes Seemannsfrühstück** schmecken lassen, z. B. Kuttelsuppe *(Trippe in brodo)*.

Vado Ligure 6

Nur durch das Flussbett des Quiliano getrennt ist Vado Ligure heute quasi ein Vorort Savonas. Weithin sichtbares Wahrzeichen sind die rot-weiß-gestreiften Tür-

me des thermoelektrischen Kraftwerks. Im Hafen legen die Korsika- und Sardinienfähren ab. Wer sich dort die Zeit vertreiben will, kann im **Museo Civico** römische und mittelalterliche Funde sowie Werke des Bildhauers Arturo Martini (1889–1947) besichtigen (Villa Gropallo, Di, Sa, So 15–18, Do, Fr 9.30–12.30 Uhr).

*Noli 7

Politik wurde in dem viel besuchten Seebad Noli (ca. 3000 Einwohner) einst auf hohem internationalem Niveau betrieben. Nachdem Noli sich im ersten Kreuzzug (1096–1099) Einfluss verschafft hatte, wurde es im 12. Jh. selbstständige Seerepublik und kämpfte später an der Seite Genuas gegen Venedig und Pisa. Erst zu napoleonischer Zeit verlor die nolesische Republik – die kleinste innerhalb der italienischen Grenzen – ihre Unabhängigkeit (1797).

Die **Loggia della Repubblica** erinnert mit ihrem Namen noch an diese große Zeit. Mehr als andere ligurische Küstenorte hat Noli sein mittelalterliches Flair erhalten. Sehenswert sind die **Burgruine** (12. Jh.), die malerischen Gassen mit ihren Strebebögen von Haus zu Haus sowie die fünf **Wohntürme** von den einst 70, die Noli im 13. Jh. besessen haben soll. Nur Reeder und Kapitäne hatten das Recht, einen 50 m hohen Turm zur Verteidigung und als Machtsymbol der Familie zu errichten.

Strand von Noli

Alljährlich am zweiten Septembersonntag wird Noli wieder zur stolzen Seerepublik. Denn dann messen die vier *rioni* (Stadtteile) bei einem Wettrudern ihre Kräfte. Bei der »Regata Storica« gibt es jede Menge historische Kostüme zu sehen.

**San Paragorio

Die Kirche San Paragorio ist einer der bedeutendsten romanischen Sakralbauten in Ligurien. Sie wurde Mitte des 11. Jhs. auf den Grundmauern eines frühchristlichen Vorgängerbaus errichtet. Aus dieser Zeit stammen die Steinsarkophage an der Nordseite der Kirche. Der dreischiffige Innenraum birgt ein romanisches Lesepult, einen hölzernen Bischofsthron (12. Jh.), Freskenreste (15. Jh.) und ein hölzernes Kruzifix des 12. Jhs. mit einem tunikabekleideten Christus (10–12 und 17–19 Uhr, Mo und Mi geschl.).

San Pietro und Nostra Signora delle Grazie

Einen kurzen Besuch ist auch die Kathedrale San Pietro (13. und 17. Jh.) wert. Außerhalb des östlichen gotischen Stadttors erhebt sich die zitronengelbe, mit weißen Rokokostuckornamenten verzierte Kirche Nostra Signora delle Grazie (18. Jh.). Von ihrem Vorplatz hat man einen faszinierenden Blick auf Noli und die Bucht.

Info

IAT-Büro
Corso Italia 8][**Tel. 01 97 49 90 03**
noli@inforiviera.it

Hotel

El Sito
Via La Malfa 2][**Tel. 0 19 74 81 07**
www.elsito.it
Ruhig gelegenes Hotel, das von viel Grün umgeben ist und moderne Zimmer mit Panoramablick bietet. Aufmerksamer Service. ●—●●

Durch die Porta Testa gelangt man in die Altstadt von Finalborgo

Restaurant

Lilliput
Via Zuglieno 49][**Ortsteil Voze**
Tel. 0 19 74 80 09
Klassische ligurische Küche in bester Qualität, dazu Meerblick. Mo geschl., Di–Fr nur abends geöffnet. ●●●

Finale Ligure 🎱

Das Städtchen Finale Ligure setzt sich aus den drei Ortsteilen Finale Pia, Finale Marina und Finalborgo zusammen.

*Finale Marina

Der einst bedeutende Handelsort ist heute ein modernes Seebad mit Sandstrand und einer ge-

pflegten Palmenpromenade. Der Triumphbogen auf der Piazza Vittorio Emanuele II. wurde zu Ehren der spanisch-habsburgischen Thronfolgerin Margherita errichtet, die die Stadt 1666 auf der Fahrt zu ihrer Vermählung mit Kaiser Leopold I. besuchte. Elegante Stadtpalais des 16.–18. Jhs. umgeben die barocke Kirche San Giovanni Battista, die über den Resten einer frühchristlichen Basilika (5.–8. Jh.) errichtet wurde.

Alljährlich Mitte Juli findet in Finale die **Festa del marchesato mit Pferderennen und historischem Umzug** statt.

Finale Pia

Der Ort entstand im Mittelalter um die Kirche Santa Maria di Pia, hinter deren Rokoko-Fassade sich ein barocker Innenraum verbirgt. Ursprünglich hatte sie eine romanisch-gotische Gestalt, die man aber nur noch dem Glockenturm ansieht. Die benachbarte Abtei wurde im 16. Jh. von benediktinischen Olivetanermönchen gegründet.

Finalborgo

Der Ort liegt etwas landeinwärts, daher sind ihm touristische Betonburgen erspart geblieben. So präsentiert er sich noch heute als Städtchen des 15. Jhs. Der spätgotische, einem Turm der Ringmauer aufgesetzte Glockenturm der Pfarrkirche **San Biagio** gilt als Wahrzeichen des Städtchens. Im heute barocken Innenraum finden sich erlesene Marmorarbeiten des 18. Jhs. Ein kurzer Spaziergang (ca. 15 Min.) führt von Finalborgo hinauf nach Perti, einem fast verlassenen Dorf, dessen Hauptattraktion das **Castel Gavone** darstellt. Die eindrucksvollen Ruinen sind das Relikt einer Festung des 15. Jhs. Ein beliebtes Fotomotiv ist der mit hellen Diamantquadern verkleidete **Torre dei Diamanti**, der im Inneren noch Freskenreste aufweist.

Zu empfehlen ist ein Besuch des **Museo Civico del Finale** in einem Kreuzgang des ehemaligen Klosters Santa Caterina. Es dokumentiert mit stein- und eisenzeitlichen Fundstücken aus den umliegenden Höhlen sowie römischen und mittelalterlichen Exponaten die Geschichte des Finalese (Di–So 9–12, 14.30–17, Juli/Aug. Di–So 10–12, 16–19 Uhr).

Info

IAT-Büro
Via San Pietro 14][**Tel. 0 19 68 10 19**
finaleligure@inforiviera.it

Hotels

■ **Punta Est**
Via Aurelia 1][**Tel. 0 19 60 06 11**
www.puntaest.com
Komfortable, hoch über dem Meer gelegene Villa (18. Jh.) mit Park. ●●●
■ **Villa Ave**
Via Madonna 23][**Tel. 0 19 60 06 72**
www.hotelvillaave.it
Gepflegte, einfache Pension im Ortsteil Finalpia. ●

Restaurants

■ **Torchi**
Via dell'Annunziata][**Finalborgo**
Tel. 0 19 69 05 31

Eleganz und gehobene Gastronomie in einer ehemaligen Ölmühle aus dem 16. Jh. Di geschl. ●●●
■ **Osteria del Tempo Perso**
Via Provinciale 7][**Gorra**
Tel. 0 19 69 60 93
Lokal im Hinterland mit romantischem Ambiente und traditioneller ligurischer Küche. Mo/Di geschl., Mi–Fr nur abends. ●●
■ **Gnabbri**
Via Polupice 5
Tel. 0 19 69 32 89
Urligurische Trattoria mit viel einheimischem Publikum. Di–Sa mittags, Mo ganztägig geschl. ●

Ausflug ins Hinterland

Eine kurze Fahrt führt von Finale Pia aus ins **Ponci-Tal**, wo fünf Brücken aus dem 2. Jh. von den Bemühungen der Römer zeugen, auch in der Provinz ein gutes Straßennetz anzulegen. Hier verlief die Via Julia Augusta, die 13 n. Chr. gebaut, im 2. Jh. von Kaiser Hadrian restauriert und mit den Brücken versehen wurde. Von hier aus kann man auf das **Altopiano delle Manie** wandern, ein pflanzen- und tierreiches Kalkhochplateau mit Grotten und Höhlen. In der **Caverna delle Fate** und der **Arma delle Manie** haben die ligurischen Ureinwohner schon vor 300 000 Jahren Zuflucht gesucht und sich von der Jagd auf Höhlenbären erholt. Auf der Steinplatte des **Ciappo del Sale** sind noch Felszeichnungen zu erkennen.

Borgio Verezzi 9

Den besonderen Reiz dieses malerischen Doppelortes – Borgio liegt am Meer, Verezzi am Hügelhang – macht sein kultureller Kontrast aus. **Borgio** besitzt die Pfarrkirche San Pietro mit einer klassizistischen Fassade und die Friedhofskirche Santo Stefano mit romanisch-gotischen Bauelementen. Im nur 200 m höher gelegenen ***Verezzi** fühlt man sich in eine andere Welt versetzt. Die Gemeinden Poggio, Piazza, Roccaro und Crosa, aus denen Verezzi besteht, muten mit ihren kubischen, eng stehenden Häusern wie ein Stück Arabien auf ligurischem Boden an. Während der Sommermonate verwandelt sich die sonst eher beschauliche Piazza Sant' Agostino in Piazza, dem größten der vier Ortsteile,  **zur stimmungsvollen Kulisse** des **Festival Teatrale** (www.festivalverezzi.it).

*Grotta di Valdemino

Eine der Attraktionen von Borgio Verezzi sind die Höhlen, vor allem die stalaktitenreiche Tropfsteinhöhle Grotta di Valdemino am Ortsrand von Borgio (ausgeschildert) mit ihren unterirdischen Seen (www.grottediborgio.it, einstündige Führungen: Di–So 9.30, 10.30, 11.30, 15, 16 und 17 Uhr; Juni–Sept. die Nachmittagsführungen je 20 Min. später).

Info

IAT-Büro
Via Matteotti 158
Tel. 0 19 61 04 12

Hotel

L'Archivolto Bed & Breakfast
Via Roccaro 6][Verezzi
Tel. 01 96 11 820
www.archivolto.net
 Kleines Bed & Breakfast-Hotel in herrlicher Panoramalage über dem Meer (April–Nov.). ●●●

Restaurant

Da Caxetta
Via XX Settembre 12][Borgio
Tel. 0 19 61 01 66
Ligurische Küche. Mo, Mi–Fr nur abends geöffnet, Di geschl. ●●

Pietra Ligure 10 und Loano 11

Pietra Ligure und Loano sind modern und verbaut, doch ihre ältesten Stadtteile haben sich ihr malerisches Aussehen bewahrt. Über Pietra Ligure ragt eine ursprünglich mittelalterliche und später umgebaute Burg auf.

In Loano ist das Castello zu sehen, das Giovanni Andrea Doria um die Wende vom 16. zum 17. Jh. errichten ließ. Die Doria, von 1263 bis 1737 fast ununterbrochen Herren in Loano, erbauten im frühen 17. Jh. den **Convento di Monte Carmelo**, in dem sie bis 1793 ihre Toten beisetzen ließen. Der Aufstieg (15 Min.) zum Karmeliterkloster lohnt sich allein schon wegen der Aussicht.

Info

IAT-Büro
Corso Europa 19][Loano
Tel. 0 19 67 60 07

Toirano 🄬

Mehrere mittelalterliche Bauten und Palazzi mit Schieferportalen machen Toirano sehenswert. Berühmt ist es jedoch vor allem für seine vorgeschichtlichen Höhlen. Kalkspatkristalle und zarte, weiße Eisenblüten aus Aragonit zaubern in der **Grotta di Santa Lucia** eine unterirdische Märchenwelt. In der **Grotta della Bàsura**, der Hexengrotte, wurden Fußabdrücke des Cromagnonmenschen entdeckt, der hier vor rund 10 000 Jahren als Nachfahre des großen Höhlenbärens *(ursus spelaeus)* gelebt hat, dessen Skelett am Eingang zur Höhle zu sehen ist.

Im **Museo Preistorico della Val Varatella** sind weitere Funde aus den rund 50 Höhlen des Dolomitmassivs von Toirano zu sehen, so u. a. Tierfossilien, prähistorische Werkzeuge und Keramiken (Museum und Höhlen tgl. 9.30–12.30 und 14–17 Uhr Juli/ Aug. 14–17.30 und Do bis 21 Uhr, Dauer der Führung 70 Min., Weg: 1300 m, www.toiranogrotte.it).

⚠ Wer die Höhlen besichtigt, sollte eine warme Jacke anziehen. Die Temperatur liegt bei 16 °C.

8 *Albenga 🄬

Unerwartet weit dehnt sich an der sonst eher platzarmen Rivieraküste die fruchtbare Ebene um Albenga (23 000 Einwohner) aus. Der rund 2200 Jahre alte Ort ist ein Musterstädtchen mittelalterlicher Baukunst, für die man sich etwas mehr Zeit nehmen sollte.

Abstieg in die Grotta della Bàsura

**Baptisterium

Eine der Attraktionen Albengas ist das frühchristliche Baptisterium, das heute etwa 2 m unter Straßenniveau liegt. Der außen zehneckige, innen aber achteckige Bau geht auf das 5. Jh. zurück. Ein kostbares byzantinisches Mosaik aus der Zeit um 500 schmückt die zentrale Nische gegenüber dem Eingang. Die Blumenornamente und Flechtbänder, die das Arkosolgrab rechts vom Eingang zieren, sind eine kunstvolle langobardische Arbeit des 8. Jhs. (Di–So 10–12.30, 14.30–18 Uhr, Mitte Juni–Mitte Sept. Di–So 9.30–12.30, 15.30 bis 19.30 Uhr).

San Michele

Der imposante Dom San Michele entstand ab dem 11. Jh. Er vereinigt Elemente ganz unterschiedlicher Stilepochen: Die Skulpturen über dem Hauptportal sind romanisch, der Glockenturm ist spätgotisch, das Hauptportal selbst barock. Unter dem Chor hat man die Reste einer Krypta entdeckt, die aus dem 9. Jh. stammt.

Das Schiffsmuseum

Albenga wurde von den vorrömischen Ingaunern als »Albium Ingaunum« gegründet. 181 v. Chr. eroberten es die Römer, um sich den Weg nach Spanien zu sichern. Von der Römerzeit zeugt in der Altstadt noch die schachbrettartige Anlage und in Albengas Museen sind bedeutende Werke der römischen Antike zu finden. Originelle Funde zeigt das **Museo Navale Romano**, so ein Teil der aus etwa 10 000 Weinamphoren bestehenden Ladung eines römischen Frachtschiffes, das Ende des 1. Jhs. v. Chr. vor Albenga gesunken ist. Ein Abenteuer für sich war die Bergung der Fracht. 1925 gingen einem Fischer mehrere Amphoren ins Netz; aber erst 1950 wurde die Ladung, die 40 m tief auf dem Meeresgrund ruhte, ans Ufer gebracht. Das Schiff konnte bis heute nicht geborgen werden (Piazza San Michele, Di bis So 10–12.30, 14.30–18 Uhr).

Eine Schiffsladung römischer Amphoren im Museo Navale Romano

Pontelungo

Die vielbogige, unter den Römern angelegte Brücke Pontelungo, die einst die Centa überspannte, wurde dem Verfall überlassen, als sich der Fluss ein neues Bett grub. Nichtsdestotrotz hat die Brücke, die einst zur Via Aurelia gehörte, die Jahrhunderte überdauert.

Info

IAT-Büro
Piazza del Popolo][**Tel. 01 82 55 84 44**
albenga@inforiviera.it

Hotel

Hotel La Collina
Piazza IV Novembre 7][**Arnasco**
Tel./Fax 01 82 76 10 22
Freundliches und ruhiges Quartier in einem Ölbauernort, 8 km oberhalb von Albenga. Große Terrasse, vorzügliche Halbpension, ideal für Familien. ●

Camping

Caravan- und Campingreisende finden in Albenga und Umgebung **20 Campingplätze** am Meer, in den Bergen und in kleinen, mittelalterlichen Orten.

Shopping

Antico frantoio Sommariva
Via Mameli 7][**Tel. 01 82 55 92 22**
Olivenöl in Spitzenqualität direkt von der Ölmühle, Mo–Sa 8.30–12.30 und 15–19 Uhr.

9 Alassio 14

Das berühmte Seebad lockt mit einem langen Sandstrand und Unterhaltung bei mildem Klima, das schon im 19. Jh. die ersten englischen Touristen anzog. Im bunten Gewimmel der Stadt geht die Kirche **Sant' Ambrogio** mit ihrem schönem Renaissanceportal etwas unter. Hauptattraktion ist der **Muretto** (Ecke Corso Dante/Via Cavour), das Mäuerchen, auf dessen farbigen Keramikkacheln sich zahlreiche Stars verewigten, so u. a. Vittorio de Sica, Beniamino Gigli, Ernest Hemingway, Giovanni Guareschi, Dario Fo und Louis Armstrong.

Info

IAT-Büro
Via G. Mazzini 68
Tel. 01 82 64 70 27
www.inforiviera.it

Hotel

Flora
Lungomare Cadorna 22
Tel. 01 82 64 03 36
www.florahotel.it
Zimmer im mediterranen Stil, Privatstrand direkt vor der Haustür. ●●

Restaurants

■ **Palma**
Via Cavour 11][Tel. 01 82 64 03 14
Die nahe Provence beeinflusst die Einrichtung und die erlesene Küche des Restaurants, Mi geschl. ●●●

■ **Sail Inn**
Via Brennero 30][Tel. 01 82 64 02 32
Fischküche in bester Qualität, raffinierte Eigenkreationen, Mo geschl. ●-●●

■ **Caffè Balzola**
Piazza Matteotti
Via XX Settembre 6
Tel. 01 82 64 02 09
cht gut! Das originelle Café ist bekannt für seine Süßigkeiten, Torten und Eiskrem.

Nightlife

Abends pulsiert in Alassio das Leben. Cafés, Restaurants, Musikclubs und Pubs sorgen im Umfeld des »budello«, dem Schlauch der Hauptgeschäftsstraße Via XX Settembre, für intensives Nachtleben an der ansonsten nächtlich eher gediegenen Riviera.

Laigueglia 15

Fast mit Alassio verwachsen ist das stillere Laigueglia. Es hat noch den Charakter eines ligurischen Fischerdorfes und bietet mit der Baia del sol einen der schönsten Sandstränden der gesamten Riviera. Verspielt wirken die Turmkuppeln der barocken Pfarrkirche **San Matteo** (18. Jh.), für die Bernardo Strozzi eine »Himmelfahrt Mariens« malte.

*Cervo 16

Cervo liegt als Bilderbuchdorf hoch über dem Meer. Das Kammermusikfestival ❯ S. 104 hätte keine schönere Bühne finden können als den kleinen, unebenen Vorplatz der barocken Kirche ***San Giovanni Battista**. Die Kulisse bilden farbenfrohe Häuser mit Terrassen und Aufgängen voller duftender Kräuter, und im Hintergrund erstreckt sich das Meer.

Schmale Gassen führen zum Castello. In diesem imposanten Burgbau des Mittelalters hat das **Museo Etnografico del Ponente Ligure** seinen Sitz, eine Sammlung, die das Leben der Bauern und Fischer von Cervo dokumentiert. Einmalig ist die Kollektion historischer Korallenfischergeräte (tgl. 9–12.30, 15.30–18.30 Uhr). Ein Stück Vergangenheit und sehr gutes Olivenöl findet man auch im **Museo dell' Olio U Gumbu.**

1964 begründet der ungarische Geiger Sándor Végh, bezaubert vom schönen Cervo, das **Sommerfestival für Kammermusik,** das alljährlich internationale Spitzenstars anzieht (Kartenbüro Juli/Aug.: Tel. 01 83 40 81 78).

Info

IAT-Büro
Piazza S. Caterina 2
Tel. 01 83 40 81 97
www.cervo.com

Hotel

Bellavista
Piazza Castello 2
Tel./Fax 01 83 40 80 94
Zentral gelegenes Haus mit preisgünstigen, einfachen Zimmern. Mit Restaurant. ●

Unterwegs im Bergland

Altare 🔢

Im Bormida-Tal, knapp 15 km landeinwärts von Savona, liegt Altare. Glaserzeugung und -bläserkunst blicken in dem kleinen Ort auf eine lange Tradition zurück. Wahrscheinlich ist sie bereits im 11. Jh. von flämischen Meistern begründet worden. Neben großen Betrieben für Press- und Flaschenglas gibt es noch kleine Werkstätten, in denen Glas mundgeblasen wird wie die Soffieria Artistica Amanzio Bormioli (Via Paleologo 16, Tel. 0 19 5 82 54).

 Rund 2000 Exponate der lokalen Glasproduktion zeigt das **Museo del Vetro,** u. a. eine um 1900 geblasene, 130 cm hohe und 30 kg schwere Flasche (Piazza Consolato 4, www.museodelvetro.org, Juli–Sept. Mi–So 16–19 Uhr, Okt.–Juni Mi, Do 10–12, Fr–So 15–18 Uhr).

Millesimo 🔢

Trüffel-Stadt nennt sich der beschauliche 3000-Seelen-Ort stolz, denn die Hügel des **Bormida-Tals** sind eine beliebte Region für die wertvolle Knolle, sei sie weiß oder schwarz. Ende September strömen Trüffel-Experten aus ganz Italien zur **Festa Nazionale del Tartuffo** nach Millesimo, dessen Gastronomie viele köstliche Trüffel-Gerichte auf der Speisekarte hat. Wunderbar schmecken auch die **Millesini, eine Pralinenkreation mit Rum.**

Das Herz des hübschen Städtchens bildet die laubengesäumte Piazza Italia mit dem Palast der Familie Del Carretto aus dem 16. Jh. (heute das Rathaus). Die ursprünglich romanische Kirche **Santa Maria extra Muros** an der Straße nach Cengio zeigt Fresken aus dem 16. Jh.

IAT-Büro
Piazza Italia 27
Tel. 0 19 56 42 86

Restaurant

Trattoria Nazionale
Via Garibaldi 10][**Tel. 0 19 56 55 27**
Ausgezeichete Küche, hier schmeckt es
wie zu Hause, im Winter So geschl. ●●

*Santuario Nostra Signora del Deserto [19]

Millesimo

Die Kiche im abgelegenen Tal in
den Kastananienwäldern ist ein
beliebter Wallfahrtsort. Der
Rundbau mit der 53 m hohen
Kuppel ist zwar erst eine Schöp-
fung des 18. und 19. Jhs., doch
das Abbild der Madonna, dem
auch heute noch Heilkräfte zugeschrieben werden, stammt bereits
aus dem 16. Jh. Vom 2. So im
Sept.–1. So im Okt. wird hier eine
Reihe von Marienfesten gefeiert.

radies für Surfer, Segler und Kanuten. Auf den Wegen entlang des
waldreichen Ufers kämpfen im
Juli Mountainbiker um die Meis-
terschaft. Anfang August spielt
sich auf dem See ein kurioses
Spektakel, eine Art Seifenkisten-
Regatta. Man traut seinen Augen
kaum, wenn Autos, Fahrräder
und Liegestühle um die Wette
schwimmen. Teilnehmen darf jeder, vorausgesetzt der schwimmende Untersatz ist originell und
selbst gebaut.

Restaurant

Santuario del Deserto
Santuario del Deserto 7
Tel. 0 19 56 40 22
Beliebtes Ausflugslokal mit leckeren
Trüffelgerichten. ●●

*Lago di Osiglia [20]

Dichte Laubwälder säumen das
Tal um den Stausee Lago die Osiglia. Im Sommer ist der See ein
beliebtes Ausflugsziel und ein Pa-

Info

Associazione Pro Loco di Osiglia
Piazza S. Francesco][**Osiglia**
www.osigliaproloco.it

Hotels

■ **B & B Coralli Daniele**
Osiglia Ortsteil Giacchini
Tel. 0 19 51 29 96
Einfache, saubere Zimmer. ●●

■ **Albergo L'Alpino**
Ortsteil Rossi 7][**Tel. 01 95 42 090**
Angenehmer Gasthof mit zwei italienischen Sternen und einem hervorragen-
den Restaurant. ●●

■ **Albergo La Posta**
Ortsteil Rossi 24][**Tel. 0 19 54 20 80**
Traditionsgasthof mit gutem Restaurant. ●●

Restaurant

La Tavernetta delle Trotte
Piazza S. Francesaco 13
Tel. 0 19 51 29 88
Ligurische Küche und frische Forellen.

●●

Murialdo 21

Dass der kleine Ort eine größere Vergangenheit hatte, zeigt seine ursprünglich gotische, später barockisierte Pfarrkirche (15. Jh.). Besonders schön ist das Portal mit dem Fresko der Madonna zwischen musizierenden Engeln, darunter ein Marmorrelief des Patrons der Kirche: der Hl. Laurentius auf seinem Marterwegzeug, dem Rost. Im Oktober wird hier ein Kastanienfest gefeiert, bei dem es

von Röstkastanien bis zum Kastanienpüree alles gibt, was sich aus Esskastanien zubereiten lässt.

*Calizzano 22

Wer der Hitze und dem Trubel der Küste entfliehen will, findet in Calizzano alles, was man sich dazu wünschen kann: ein ruhiges Städtchen in schöner Lage, Wanderwege durch eine heile Natur, Wälder und Berge, klare Luft und sogar einige Sehenwürdigkeiten wie die imposante Pfarrkirche **S. Maria e S. Lorenzo** (15./16. Jh.) und das **Oratorium S. Giovanni** (17. Jh.).

Calizzano ist <mark>berühmt für seine Steinpilze</mark>, die im Herbst ganze Scharen von Pilzliebhabern anziehen. Wer Pilze sammeln möchte, braucht dazu ein »tesserino« (Tageskarte 10 €). Man kann Pilze natürlich auch kaufen und in unterschiedlichsten Zubereitungsarten essen, insbesondere beim großen Pilzfest »Funghinpiazza« im Oktober.

Echt gut

Steinpilze sind das Waldgold von Calizzano und Bardineto

Info

Proloco
Piazza S. Rocco][**Tel. 01 97 91 93**
www.comunedicalizzano.it

Hotels

■ **Eden**
Via F. Leale][**Tel. 01 97 96 76**
www.edencalizzano.com
Einfaches, sauberes Hotel im Ort. Mit kleinem Garten und Restaurant. ●●

■ **Villa Elia**
Via Valle 26][**Tel. 01 97 96 19**
www.villaelia.it

Reizende, von einem großen Garten umgebene Villa, alle Zimmer mit Bergblick. ●●

■ **Agriturismo La Brinetta**
Ortsteil Frassione 84
Tel. 01 97 91 81
www.labrinetta.it
Erholung pur erwartet einen in den **Ferienwohnungen eines liebevoll restaurierten Bauernhauses** in wunderbarer Lage. ●●

Echt gut!

Restaurant

Il Portico delle Bazure
Via S. Rosalia 10
Tel. 01 97 90 40 20
Pilzliebhaber kommen hier voll auf ihre Kosten. ●●

Bardineto 23

Auch das verschlafene Bardineto lässt schnell die Küste vergessen. Das über 700 m hoch gelegene Örtchen vermittelt Sommergästen das Gefühl, in einer anderen Welt angekommen zu sein: Kühe grasen auf den Weiden der bewaldeten Hochebene vor der Kulisse schroffer Felsen. Hier kann man *frutti di bosco* (Waldfrüchte) sammeln, und im September wird der bei der Festa del Fungo d'Oro der »Goldene Steinpilz« gefeiert.

*Castelvecchio di Rocca Barbena 24

Castelvecchio ist ein typisches ligurisches Wehrdorf. Den Rocca Barbena (1142 m) im Rücken, erstreckt sich der liebevoll restau-

rierte Ort mit seinen Natursteinhäusern auf einem Bergsporn und wird überragt vom mächtigen Castello dei Clavesana, das im Mittelalter erbaut wurde.

Hotel

Agriturismo: Antico Melo
Via Campo
Tel. 3 29-3 14 37 95
www.anticomelo.it
Hübsche Zimmer, schöner Ausblick und gutes Frühstück. ●●

*Zuccarello 25

Die schmale, von schattigen Arkaden gesäumte Via Tornatore ist die Hauptader des Bilderbuchstädtchens an der Neva. Über den Fluss spannt sich in schönem Bogen eine der besterhaltenen Steinbrücken Liguriens, die im Mittelalter errichtet wurde, auch wenn sie Ponte Romano genannt wird. Der steile Weg zur Burgruine wird durch einen herrlichen Ausblick belohnt.

Hotel

Bed & Breakfast Ponte Romano
Via Tornatore 31
Tel. 018 27 90 56
Angenehme kleine Pension an der Hauptgasse, kurz vor den Arkaden. ●●

Restaurant

Usteria du Burgu
Via Tornatore 195
Tel. 01 82 79 100
Ausflugsrestaurant am Ortsausgang mit exzellenter ligurischer Küche zu vernünftigen Preisen, Mo und Di geschl. ●●

Die Blumenriviera und die Ligurischen Alpen

Nicht verpassen!

- Das Olivenölmuseum in Oneglia
- Kunst und Kitsch im Ruinendorf Bussana Vecchia
- Über den Wochenmarkt von Ventimiglia bummeln
- Den atemberaubenden Alpenblick in Baiardo
- Dem »Giganten« der Balzi Rossi einen Besuch abstatten

Zur Orientierung

Bei Imperia beginnt die Blumenriviera, der westlichste Abschnitt der Ponente-Küste zwischen Genua und Ventimiglia. Im Schutz der Ligurischen Seealpen ist das Klima hier noch milder, und selbst im Winter fallen die Temperaturen selten auf 0 °C. Dies lockte schon im 19. Jh. den europäischen Adel an, russische Zaren und englische Lords, die hier ihre Winterresidenz aufschlugen. In den eleganten Jugendstilhotels, den Parkvillen und an den palmengesäumten Seepromenaden von San Remo und Bordighera ist das mondän-noble Flair noch heute zu spüren.

Ganz anders ist die Atmosphäre in den Bergdörfern, zu denen von der Küste kurvenreiche Straßen hinaufführen. Hier findet man Ruhe, beschauliche Wanderwege, atemberaubende Gebirgspanoramen – und Gaumenfreuden. Auch Kunstfreunde kommen auf ihre Kosten in mittelalterlichen Städtchen wie beispielsweise Taggia und Triora und in Notre-Dame-des-Fontaines im oberen Roya-Tal. Das wildromantische Tal ist heute am Oberlauf französisch, gehörte aber noch bis 1947 zu Italien. Die Grenze zwischen den beiden Ländern ist von jeher durchlässig.

Dies- und jenseits der Grenze trifft man auf Spuren der ältesten Siedler Liguriens: 35 000 Felszeichnungen, größtenteils aus der Bronzezeit, schmücken das Vallée des Merveilles (Tal der Wunder) im Nationalpark Mercantour. Noch ältere Funde menschlicher Besiedlung (ca. 200 000 Jahre v. Chr.) kann man in den Höhlen der Balzi Rossi bei Ventimiglia besichtigen.

Ventimiglia, die Grenzstadt an der Küste, wird jeden Freitag zu einer Attraktion ersten Ranges: Dann findet der riesige Wochenmarkt statt, zu dem auch die französischen Nachbarn in Scharen pilgern.

In die umgekehrte Richtung staut sich der Verkehr zur Karnevalszeit, wenn die Italiener zu den farbenfrohen Paraden des Zitronenfests im französischen Menton anreisen.

Touren in der Region

Noble Seebäder und idyllische Oliventäler

⊂10⊃ ➤ **Imperia Oneglia** ❭ **Pieve di Teco** ❭ **Imperia Porto Maurizio** ❭ **Dolcedo** ❭ **Bussana Vecchia** ❭ **San Remo** ❭ **Baiardo** ❭ **Bordighera**

Länge: ca. 50 km ohne die Abstecher nach Pieve di Teco (50 km) und Baiardo (45 km)
Dauer: 2–4 Tage

Der Hafen von San Remo

Praktische Hinweise: Wie an der Palmenriviera gilt auch hier: Wer an der Küste nicht alle Orte besuchen will, benutzt besser die Autobahn oder übt sich bei den vielen Ortsdurchfahrten auf der Via Aurelia in Geduld. Für die Abstecher ins Hinterland benötigt man je einen Tag.

Die Tour von **Imperia** ❭ S. 115 ins elegante **Bordighera** ❭ S. 124 führt streckenweise direkt an der Küste entlang und bietet immer wieder Bilderbuchansichten mit tiefblau glitzerndem Meer und üppiger Blütenpracht. **Imperia Oneglia** ❭ S. 116 ist das Zentrum des ligurischen Olivenölhandels und der Sitz von Agnesi, der Nudelfabrik mit dem Segelschiff im Wappen. Die Industrieanlagen am Hafen und an der Peripherie verleiten viele Touristen dazu, einen Bogen um Oneglia und die Schwesterstadt Imperia Porto Maurizio zu machen. Zu Unrecht, denn hier gibt es viel zu sehen. Vor allem lohnen sich auch immer wieder kleine Abstecher ins landschaftlich reizvolle Hinterland, insbesondere in die Oliventäler von Imperia, die sich auch als ruhige und naturnahe Ferienorte in Küstennähe anbieten.

Von Imperia Oneglia geht es auf der Trasse der alten Salzstraße, die in die Region Piemont führt, ins 25 km entfernte, mittelalterliche **Pieve di Teco** ❭ S. 118. Sobald man Imperia und seine Vororte auf der SS28 hinter sich

lässt, blickt man auf unberührte Landschaft. Urige Dörfer wie Bestagno, Villa Guardia und Borgmoro laden zu einer Pause ein. Wieder zurück an der Küste zweigt gleich nach Imperia Porto Maurizio die Straße in die Oliventäler u. a. nach **Dolcedo** ❭ S. 119 und Montegrazie ab. Von hier aus kann man spannende und abwechslungsreiche Wanderungen unternehmen.

An der Küste entlang geht es bis Arma di Taggia, dann fährt man 2 km landeinwärts bis ins Künstlerdorf ***Bussana Vecchia** ❭ S. 119. In den Dorfruinen auf dem Hügel hat sich in den 1960er-Jahren ein buntes Künstlervölkchen angesiedelt. Ihre Ateliers und Galerien ziehen zahlreiche Besucher an.

Die nächste Station, ***San Remo** ❭ S. 120, entfaltet alle Facetten einer Riviera-Stadt: die typische Altstadt mit den engen »caruggi« genannten Gassen, dem kleinen Fischerhafen und dazu als Kontrastprogramm elegante Boulevards, Luxushotels, Jachthafen und Villen mit prächtigen Parks.

Ein Abstecher nach ***Baiardo** in den Bergen ❭ S. 122 lässt die mit Gewächshäusern bestückten Hügel rund um San Remo schnell vergessen. Vorbei an der Sommerfrische **San Romolo** (786 m) schraubt sich die Straße durch Mischwälder hinauf. Baiardo liegt 900 m hoch und bietet grandiose Ausblicke auf Berge und Meer. Wer gut zu Fuß ist, kann von San Romolo in ca. 2 Std. auch den Hausberg San Remos erklimmen, den ***Monte Bignone** (1299 m). Eine schöne Alternative für die Rückfahrt zur Küste ist die kurvige, schmale Panoramastraße über ***Apricale** › S. 134, das für seine Wandmalereien bekannt ist, **Dolceacqua** › S. 135 mit einer hübschen Steinbrücke und Camporosso (nicht über Perinaldo, denn die Straße ist oft wegen Bergrutsch gesperrt!). Der letzte Streckenabschnitt an der Küstenstraße führt über Ospedaletti nach ***Bordighera** › S. 124, eines der schönsten Seebäder der Riviera.

Zwischen Riviera und Côte d'Azur

⊶⑪⊶ **Ventimiglia** › **Giardino Hanbury** › **Balzi Rossi** › **Menton**

Länge: ca. 30 km (einfache Stecke)
Dauer: 1–2 Tage
Praktische Hinweise: Freitag, wenn Markttag ist, staut sich der Verkehr in und um Ventimiglia, wer kann, sollte auf die Autostrada ausweichen.

⚠ Ventimiglia wird manchmal »XXmiglia« geschrieben. Zu den Giardini Hanbury kommt man nur auf der Küstenstraße, oder mit dem Bus Nr. 1 Richtung Ponte Luigi, der auch in Balzi Rossi hält. Den Eingang zu den Giardini Hanbury (links an der Straße) übersieht man leicht. Parken Sie am besten am Straßenrand, denn der offizielle Parkplatz ist klein.

In der umtriebigen Grenzstadt **Ventimiglia** › S. 125 mit ihren römischen und mittelalterlichen Sehenswürdigkeiten kann man einen Tag verbringen. Das erste Ziel danach sind die *****Giardini Hanbury** › S. 126. Der riesige botanische Garten ist terrassenförmig angelegt und zieht sich 6 km westlich von Ventimiglia am Kap Mortola bis zum Meer hinunter. Besucher sollten gut zu Fuß sein! Die ausgeschilderte Küstenstraße führt am felsigen Steilufer entlang vorbei an prächtigen Aloen, Zitrusbäumen, Bougainvilleensträucher, Zypressen und Palmen.

Die prähistorischen ***Balzi-Rossi-Höhlen** › S. 127 im rötlichen Dolomitkalk der Steilklippen sind nur wenige Kilometer vom Hanbury-Park entfernt. Die Höhlen liegen direkt an der ehemaligen Staatsgrenze hinter einem Tunnel, nach dem es scharf links zu einem Parkplatz geht. Von da aus sind es nur ein paar Schritte zum dürftig ausgeschilderten Eingang des archäologischen Areals. Letzte Station ist der bezaubernde Badeort ***Menton** › S. 128, der den sanften Übergang von der italienischen Riviera zur französischen Côte d'Azur markiert.

Stille Bergdörfer, Hexen und Burgruinen

⊶⑫⊶ **Taggia** › **Badalucco** › **Montalto Ligure** › **Molini di Triora** › **Triora** › **Colla di Langan** › **Pigna** › **Isolabona** › **Apricale** › **Dolceacqua** › **Ventimiglia**

Länge: ca. 65 km (ohne Abstecher nach Apricale)
Dauer: 2–3 Tage
Praktische Hinweise: Die Bergstraßen sind teilweise sehr schmal, vor unübersichtlichen Kurven unbedingt hupen!

Ausgangspunkt der Tour ist **✱✱Taggia** ❯ S. 130, rund 3 km landeinwärts, mit seinem Vorposten Arma di Taggia an der Küste,

das einen Sandstrand und einige Hotels zu bieten hat. Taggia, dessen gut erhaltenes mittelalterliches Stadtbild noch vom Reichtum erzählt, den es durch den Anbau der aromatischen Taggiasca-Oliven erwarb, ist das Tor zum fruchtbaren Argentina-Tal. Die gewundene Straße folgt dem Flusslauf durch enge Schluchten und Wiesen, die Gipfel der Ligurischen Alpen im Blick, vorbei an Oliventerrassen und Kastanien-

⑩

Noble Seebäder und idyllische Oliventäler Imperia Oneglia ❯ Pieve di Teco ❯ Imperia Porto Maurizio ❯ Dolcedo ❯ Bussana Vecchia ❯ San Remo ❯ Baiardo ❯ Bordighera

⑪

Zwischen Riviera und Côte d'Azur Ventimiglia ❯ Giardino Hanbury ❯ Balzi Rossi ❯ Menton

⑫

Stille Bergdörfer, Hexen und Burgruinen Taggia ❯ Badalucco ❯ Montalto Ligure ❯ Molini di Triora ❯ Triora ❯ Colla di Langan ❯ Pigna ❯ Isolabona ❯ Apricale ❯ Dolceacqua ❯ Ventimiglia

⑬

Durch das Roya-Tal in die Seealpen Ventimiglia ❯ Airole ❯ Fanghetto ❯ Breil-sur-Roya ❯ Nôtre-Dame-des Fontaines ❯ Saint Dalmas-de-Tende ❯ Tende (Tenda)

wäldern – der Trubel der Küste scheint schon nach wenigen Kilometern Äonen weit weg. Kurz hinter dem Dorf **Badalucco** mit seiner mittelalterlichen Bogenbrücke hat man einen herrlichen Blick auf **Montalto Ligure,** das Heimatdorf der berühmten Malerfamilie Brea. In **Molini di Triora** ❯ S. 132 mahlen immer noch einige Mühlen Weizen-, Kichererbsen- und Kastanienmehl. Das Dorf eignet sich gut als Ausgangspunkt für Wanderungen auf die umliegenden Berge. In vielen Kurven führt die Straße ins fast 800 m über dem Meer gelegene *Triora ❯ S. 133 hinauf, das als eines der schönsten Dörfer Italiens ausgezeichnet wurde und sich als Übernachtungsort anbietet. Doch Vorsicht! Hexen sind hier allgegenwärtig.

Die Weiterfahrt nach *Pigna ❯ S. 134 führt von Molini di Triora über den Pass Colla di Langan

Schmuckes Bergdorf Apricale

ner monumentalen Bogenbrücke über den fischreichen Fluss zählt es zu den beliebtesten Motiven der Riviera. Im Ort, der sich für die zweite Übernachtung anbietet, wird einer der bekanntesten ligurischen Weine, der *Rossese di Dolceacqua*, gekeltert. Sonnige Weinterrassen säumen denn auch die Straße zum Meer, die bei Camporosso mit seiner kunstreichen Pfarrkirche bereits wieder in das Gebiet von **Ventimiglia** ❯ S. 125 eintaucht, dem Endpunkt dieser Tour in die Bergtäler der Blumenriviera. Freitags findet hier ein großer Wochenmarkt statt.

(1127 m). Von diesem Dorf im Nervia-Tal kann man auf einem schon im Mittelalter begangenen Weg in drei Stunden über den Passo Muratone (1156 m) nach Saorge ins obere Roya-Tal wandern.

Wieder in Richtung Küste gelangt man nach **Isolabona,** wo man sich zu Füßen einer Burgruine in der Pizzeria Vecchio Forno mit einer Holzofenpizza stärken kann (direkt an der Via Roma). Ein Abstecher ins 3 km entfernte *Apricale ❯ S. 134 wird schon bei der Anfahrt mit einer Postkartenansicht des Dorfs belohnt. Wer nun auf den Geschmack nach Panoramastraßen und Bergdörfern gekommen ist, kann den Abstecher bis ins 800 m hoch gelegene *Baiardo ❯ S. 122 verlängern.

Für Liebhaber von Burgen ist die nächste Station, das vom imposanten Castello Doria überragte *Dolceacqua ❯ S. 135. Mit sei-

Durch das Roya-Tal in die Seealpen

—⑬— **Ventimiglia** ❯ **Airole** ❯ **Fanghetto** ❯ **Breil-sur-Roya** ❯ **Nôtre-Dame-des Fontaines** ❯ **Saint Dalmas-de-Tende** ❯ **Vallée des Merveilles** ❯ **Tende (Tenda)**

Länge: ca. 50 km (einfache Strecke)
Dauer: 1–2 Tage
Praktische Hinweise: Die Felszeichnungen am Mont Bégo im Vallée des Merveilles sind witterungsbedingt nur von Juli bis September, nur zu Fuß und nur im Rahmen einer der mehrmals täglich stattfindenden Führung zu besichtigen. Auskunft gibt die Touristeninformation in Tende. Die Fahrt mit der Tenda-Bahn ❯ S. 138 von Breil sur Roya bis Tende ist ein Erlebnis.

Ventimiglia > S. 125 ist der Startpunkt für diese Tour in die grandiose Bergwelt der Seealpen, denn hier beginnt das **Roya-Tal** (italienisch: *Roia*). Obwohl es fast 40 km lang auf französischem Gebiet verläuft, ist es die beste Verbindung nach Cuneo und Turin im Piemont. Im Mittelalter verlief hier die alte Salzstraße aus den Salinen von Nizza in die piemontesische und lombardische Ebene. Die landschaftlich überaus reizvolle Strecke folgt der gut ausgebauten, viel befahrenen Staatsstraße SS20. Sobald man die industriell zersiedelte Peripherie von Ventimiglia hinter sich gelassen hat, bietet sich dem Auge das mittlerweile vertraute Bild des grünen ligurischen Hinterlands mit Bergdörfern wie **Airole** > S. 136, umgeben von terrassierten Hängen mit Weingärten und uralten Olivenhainen. In vielen Kurven windet sich die Straße vorbei am Grenzort Olivetta San Michele und **Fanghetto** > S. 136 nach **Breil-sur-Roya** > S. 136 in

schöner Lage am kleinen Stausee. Im Castel du Roy > S. 137 kann man komfortabel übernachten.

Nur eine Straße und ein kleiner Bach haben Platz in der **Gorges de Saorge**, so eng ist die Schlucht hier im Roya-Tal. Oberhalb krallt sich das idyllische Bergdorf **Saorge** mit seinen Häusern buchstäblich an einen steilen Berghang.

Durch eine weitere Schlucht, die **Gorges de Bergue** mit rostfarbenen und grünen Schieferwänden, führt der Weg nach **Saint-Dalmas-de-Tende**. Kunstfreunde begeben sich von hier in das 2,5 km entfernte mittelalterliche **La Brigue** und 4 km weiter zur Wallfahrtskirche ****Notre-Dame-des-Fontaines** > S. 137, die aus der wildromantischen Schlucht emporragt. Zur Wanderung ins ****Vallée des Merveilles** > S. 137 mit seinen frühgeschichtlichen Felsbildern kann man von Saint Dalmas-de-Tende aus aufbrechen, bzw. dem höher gelegenen **Tende** > S. 137, wo sich ein prähistorisches Museum befindet.

Unterwegs an der Blumenriviera

Imperia ∎

Imperia (40000 Einwohner) ist keine gewachsene Stadt, sondern ein von oben verordneter Zusammenschluss der Orte Oneglia und Porto Maurizio (1923), nachdem sich beide Städte jahrhundertelang feindselig gegenübergestan-

den hatten: Porto Maurizio als treue Verbündete Genuas, Oneglia als Seehafen der Savoyer. Benannt wurde die Neugründung nach dem Impero-Bach, der bis dahin die Grenzlinie markiert hatte. Das industrielle Oneglia im Osten ist der wirtschaftliche Motor Imperias. ***Porto Maurizio** mit seiner Altstadt breitet sich westlich der Impero-Mündung auf dem Parasio-Hügel aus.

Oneglia

Obwohl das moderne Oneglia einst Heimat des berühmt berüchtigten Andrea Doria (1466 bis 1560) war, jenem gerissenen und geschickten Admiral, der die Geschicke der Seerepublik Genua 30 Jahre lang erfolgreich lenkte, steht es touristisch im Schatten Porto Maurizios. Einen Besuch lohnt jedoch unbedingt das **Museo dell'Olivo** (siehe unten).

Danach kann man unter den Arkaden an der zentralen **Piazza Dante** passabel shoppen oder von einem der Fischrestaurants in den Laubengängen am Hafen den Schiffen beim Entladen zuschauen. Mittwochs und samstags ist

---

10 ****Museo dell'Olivo**

Mit viel Liebe und Aufwand haben die Fratelli Carli 1992 dieses einzigartige und interessante Museum in Oneglia eingerichtet. In 18 Sälen dokumentiert es alle Facetten des Olivenbaums von der Antike bis heute, vom Anbau bis Ölproduktion und Ölhandel sowie seine Bedeutung in Kunst und Literatur, alles sehr anschaulich präsentiert in zahlreichen Artefakten und Nachbildungen. Der Museums-Shop bietet eine exquisite Auswahl an Olivenprodukten (Via Garessio 11–13, Tel. 01 83 29 57 62, www.museo dellolivo.com, Mo–Sa 9–12.30 und 15–18.30 Uhr, Eintritt frei).

Markt. Das Geburtshaus des kaiserlichen Admirals ist unschwer zu finden, denn es liegt in der Via Andrea Doria.

*Porto Maurizio

Die Hauptader der Altstadt von Imperia ist die schmale Via Cascione, die von eleganten Boutiquen und Läden gesäumt ist, der Markthalle und der populären Caffè-Bar Pepito. Eine Flaniermeile en miniature ist die palmenbestandene Seitenstraße Via XX Settembre. Montags und donnerstags sind die Schaufenster jedoch verdeckt von den Ständen des Wochenmarkts. Vor allem durch ihre Ausmaße (90 m x 42 m x 55 m) fällt die imposante *Kathedrale San Maurizio auf. Sie wurde im späten 18. Jh. begonnen, aber erst 1838 vollendet. Das klassizistische Gebäude gegenüber des Doms beherbergt eine kleine Gemädegalerie, die **Pinacoteca Civica** (Mo–Sa 9–12, 15–18 Uhr), und das **Museo Navale Internazionale del Ponente Ligure**. Letzteres dokumentiert anhand von Modellen und zahlreichen alten Karten die Seefahrtsgeschichte der westlichen Riviera (Mi, Sa 16–19.30, Juli/Aug. Mi, Sa 21–23 Uhr, Eintritt frei).

Enge Gassen und Treppenwege führen in das noch intakte mittelalterliche **Alstadtviertel Parasio** hinauf. Auf den Resten der alten Stadtmauer ruht die Kirche **San Pietro** mit Fresken aus dem 18. Jh. Von der Terrasse der Kirche erreicht man die **Loggia des Convento di Santa Chiara** (18. Jh.).

Olivenöl –
das flüssige Gold

Neben dem Rebstock hat im Hinterland Liguriens vor allem der Ölbaum sein Zuhause. Vor dem Tourismus gehörte er jahrhundertelang zu den wichtigsten Existenzgrundlagen der Ligurier und prägte ihr Leben.

Beharrlichkeit und Geduld fordert die Pflege eines Ölbaums, denn er braucht 20–25 Jahre, ehe er zum ersten Mal Früchte trägt. Mit seinem feinen fruchtigen Aroma gehört das Olivenöl aus Ligurien zu den besten Sorten Italiens – und zu den teuersten! Die kleinen aromatischen Taggiasca-Oliven aus den Öltälern im Hinterland von Imperia ergeben nur ein Viertel bis ein Drittel des Ertrags anderer Olivenarten – d. h. nur rund 4000 kg pro ha. Geerntet wird im Herbst und Winter. Dazu werden weiße bzw. lachsfarbene Netze über die Terrassen gebreitet, so dass die Hänge aussehen, als wären sie von den Verpackungskünstlern Christo verhüllt. Sobald die ersten Stürme die Oliven in die Netze wehen, beginnt die Arbeit, und die kostbaren schwarzen Früchte werden in Kisten gesammelt und in die Mühlen gebracht.

Eine Million Olivenbäume stehen schätzungsweise in den Öltälern bei Imperia. Nur in den windgeschützten »valli« finden die Taggiasca-Oliven die notwendigen milden Klimabedingungen. Ligurisches Olivenöl gibt es in unterschiedlichen Qualitäten, das beste ist mit dem Prädikat »Spremitura a freddo« versehen. Es garantiert, dass die Oliven zermahlen und kalt ausgepresst wurden, ein Verfahren, bei dem die Geschmacks- und Nährstoffe weitgehend erhalten bleiben.

Am Meer unten, im Stadtteil Borgo Foce und im nahen Borgo Marina, der um ein mittelalterliches Hospiz des Malteserordens entstand, kann man den Fischern beim Netzeflicken zuschauen.

❗ Bei der alljährlich im September stattfindenden **Regatta Vele d'epoca** kann man historische Segeljachten zu bewundern.

Info

IAT-Büro
Viale Matteotti 37
Tel. 01 83 66 01 40
infoimperia@rivieradeifiori.org

Hotel

Croce di Malta
Via Scarincio 148
Tel. 01 83 66 70 20
www.hotelcrocedimalta.com.
Einfache, freundliche Zimmer mit Blick auf den Jachthafen. ●●

Restaurants

■ **Osteria dell'Olio Grosso**
Piazza Parasio 36][Tel. 0 18 36 08 15
Gemütliche Osteria in einer einstigen Ölmühle. Man sitzt auf alten Mühlsteinen oder Kirchenbänken an langen Holztischen, auf denen **unverfälschte ligurische Gerichte** serviert werden, nur abends geöffnet, Mi geschl. ●●

Echt gut!

■ **U Papa**
Piazza Andrea Doria 13][Oneglia
Tel. 01 83 29 43 10
Ligurische Küche in einem Traditionslokal hinter dem Markt, So geschl. ●

Shopping

Roberto Ranise
Via Nazionale 30
Tel. 01 83 76 79 66][www.ranise.it

Exzellente Olivenöle und Eingelegtes, delikate Pesto und weitere fruchtige und nussige Genüsse dekorativ verpackt. Mo–Fr 8.30–12.30, 14.30 bis 18.30 Uhr, Sa nur nach Voranmeldung.

Pieve di Teco ❷

Pieve di Teco war einst ein wichtiger Knotenpunkt der alten Salzstraßen, die vom Meer über die ligurischen Alpen- und Apenninpässe in die piemontesisch-lombardische Ebene führten und hier zusammentrafen. Die Handelskarawanen, die seit dem Mittelalter kostbares Salz von der ligurischen Küste über die Berge transportierten, kehrten gern zur Rast unter den schattigen Lauben der Hauptstraße Corso Ponzoni ein. Elegante Palazzi sowie kunstvolle Schieferportale mit Wappen und Heiligenfiguren zeugen hier noch von einstigem Wohlstand.

Die klassizistische Pfarrkirche **San Giovanni Battista** (1792 bis 1806) ist ein Werk des Baumeisters Gaetano Cantone, von dem auch die Entwürfe zum Dom von Porto Maurizio und zur Pfarrkirche in Pietra Ligure stammen.

Info

IAT-Büro
Piazza Brunengo 1
Tel. 0 18 33 64 53 (nur im Sommer)

Hotel

Filippi
Via Eula 35][Tel. 01 83 36 65 97
Zentral gelegenes, familiäres Hotel, die 19 Zimmer bieten einfachen bis mittleren Komfort. ●●

Dolcedo 🔳

Im Hinterland von Porto Maurizio kann man hübsche Dörfer entdecken wie Dolcedo, das durch den Ölhandel im Mittelalter reich geworden ist. Mehr ein Dorfverband als ein einziges Dorf zieht sich Dolcedo mit seinen zehn Weilern und doppelt so vielen Kirchen durch eine von Oliventerrassen geprägte Landschaft zu beiden Seiten des Prino-Tals entlang. Malerisch schmiegt sich das Hauptdorf Dolcedo Piazza an die alte **Steinbrücke** (13. Jh.), die von der barocken Kirche **San Tommaso** überragt wird. Alte Maultierpfade verbinden die Ortsteile, in denen man an Ölmühlen vorbeikommt, die oft nur für den Eigenbedarf produzieren. Wer das Glück hat, eine Flasche Öl direkt vom Bauern zu bekommen, weiß, warum das hiesige Olivenöl den Beinamen »flüssiges Gold« hat.

San Tommaso in Dolcedo

Hotel

Agriturismo San Michele
Isolalunga][**Tel. 01 83 28 02 82**
www.sanmicheleagriturismo.net
Komfortable Ferienwohnungen im restaurierten Bauernhaus in einem Weiler Dolcedos, 7 km von Imperia. ●●

Ausflug nach **Montegrazie 🔳

Ein unerwartetes Kleinod in den Öltälern von Imperia – nur 7 km von Porto Maurizio entfernt – ist die Wallfahrtskirche **Madonna delle Grazie** in Montegrazie. Ein stummes Hirtenmädchen fand die Sprache wieder, nachdem ihm hier die Jungfrau Maria erschienen war. 1450 begann der Bau der Kirche, die 1483 von Tommaso und Matteo Biazaci mit Fresken ausgemalt wurde (falls geschlossen, Schlüssel im Pfarrhaus).

*Bussana Vecchia 🔳

Der herrlich gelegene Ort wurde 1887 von einem heftigen Erdbeben weitgehend zerstört. Während am Meer das neue Bussana entstand, fiel das Hügeldorf Bussana Vecchia dem Verfall anheim. Häuser und Mauern stürzten ein und wurden von Pflanzen und Gras überwuchert.

1963 begann ein bunt gemischtes Völkchen aus Kunsthandwerkern, Künstlern und Hippies, das ausgestorbene Dorf zu neuem Leben zu erwecken. Ohne die Ruinenromantik zu zerstören, restaurierten sie viele Gebäude und richteten sich darin Wohnungen, Ateliers und Verkaufsräume ein. Besonders eindrucksvoll ist die zerstörte Kirche Sacro Cuore, in der Bussanas neue Bewohner kuriose Mobiles aufgehängt haben.

11 *San Remo 6

Eigentlich müßte San Remo (51 200 Einwohner) dem Schriftsteller Giovanni Ruffini (1807 bis 1881) ein Denkmal setzen. Er gehört zwar nicht zu den großen Namen der italienischen Literatur, aber sein Liebesroman »Doktor Antonio«, der in San Remo und Bordighera spielt, legte seinerzeit den Grundstein für den kometenhaften Aufstieg der italienischen Riviera als beliebtes Reiseziel. Nachdem der Roman 1855 in englischer Sprache in Edinburgh erschienen war, folgten viele Leser dem Vorbild des Romanhelden und flüchteten aus den britischen Nebeln ins milde Klima der Rivieraküste, wo sie die langen Wintermonate verbrachten und ihre damals verbreiteten Lungenleiden ausheilten.

Die ersten Gäste wurden noch von der Gräfin Adele Roverizio di Roccasterone in einer privaten Villa beherbergt. Schon 1860 wurde das Grand Hôtel Londra erbaut, bald darauf das Royal, das heute noch zu den exklusivsten Adressen am Ort zählt. Bis 1900 entstanden 25 Hotels und annähernd 200 Villen. Von dem noblen Image zehrt San Remo heute noch. Mit ca. 250 Hotels, Campingplätzen und Feriendörfern ist es die unangefochtene Tourismusmetropole der Blumenriviera. Und noch immer strömen wohlhabende Gäste nach San Remo, die hier gern überwintern und das riesige Freizeitangebot nutzen bzw. als Zuschauer die prominenten Autorallyes, Radrennen und Segelregatten verfolgen, die hier alljährlich stattfinden.

Die Belle Époque hat überall ihre Spuren hinterlassen: in den Grandhotels mit ihren Zuckerbäckerfassaden, die bis heute das Stadtbild prägen, am palmengesäumten Corso Imperatrice (Kaiserin-Allee), zu Ehren der Zarin Maria Alexandrowna so benannt, und in den eleganten Villen. Auch der Jugendstil hielt in der Blütezeit der Stadt Einzug und hinterließ so prachtvolle Palais wie die **Villa Nobel**, in der Alfred Nobel seine letzten Jahre (1891–96) ver-

Festival des italienischen Schlagers

Grazie dei fiori! – Danke für die Blumen! Seit 1951 Nilla Pizzi mit diesem Titel das erste »Festival della Canzone Italiana« gewonnen, wird das Teatro Ariston in San Remo jeden Februar zum Mekka der Fans italienischer Schlager (Infos unter www.rai.it/sanremo).

Abendstimmung im Hafen von San Remo

brachte, und die jetzt Sitz des Internationalen Instituts für Menschenrechte ist. Das Spielcasino **Casino Municipale**, das 1904–06 nach Entwürfen des Architekten Eugène Ferret entstand, bringt der Stadt heute Millionen ein.

Corso Imperatrice

Den Beginn des Corso Imperatrice markieren die bunten Zwiebeltürme der russisch-orthodoxen Kirche **San Basilio**, die im späten 19. Jh. von der russischen Kolonie gestiftet wurde (sommers tgl. 9.30 bis 12.30, 15–18 Uhr, winters nach Vereinbarung, Tel. 01 84 53 18 07). Im **Palazzo Borea d'Olmo** zeigt das **Civico Museo Archeologico** Funde aus der Region und Ausgrabungsmaterial aus der Römerzeit (Di–Sa 9–12, 15–18 Uhr, So, Mo geschl.).

Piazza San Siro

Die Fassade des spätromanischen Doms **San Siro**, der im 13. Jh. auf den Resten einer älteren Kirche entstand, wurde bis um 1900 vollständig erneuert. Dem linken, mit Flachreliefs verzierten Portal gegenüber erhebt sich das **Battistero**, ein ursprünglich dreischiffiges romanisches Gotteshaus, das sich heute als Zentralbau des 17. Jhs. präsentiert.

Altstadt La Pigna

Zum elegant-nostalgischen Flair der Nobelherbergen unten am Meer bildet die in die Jahre gekommene Altstadt La Pigna einen etwas herben Kontrast. Von den dicht gedrängten Häusern oben auf dem Hügel bröckelt der Putz. Dennoch geht von dem Gewirr aus Gässchen, Treppen und überwölbten Durchgängen auch ein gewisser Charme aus. Überragt wird die Altstadt von der hoch gelegenen, barocken Wallfahrtskirche **Madonna della Costa** aus dem 17. Jh. Von dort hat man eine herrliche Sicht auf die Küste.

Info

APT
Largo Nuvoloni 1][Tel. 0 18 45 90 59
www.rivieradeifiori.org

Hotels

■ **Hotel Royal**
Corso Imperatrice 80
Tel. 01 84 53 91
www.royalhotelsanremo.com
Das Grandhotel bietet eine stilvolle
Anlage im subtropischen Park mit be-
heiztem Pool und Meerblick. Exquisite
Küche im Hotelrestaurant. ●●●

■ **Eletto**
Corso Mattetotti 44
Tel. 01 84 53 15 48
www.elettohotel.it
Freundlich geführtes Mittelklassehotel
im Zentrum, geräumige und stilvolle
Zimmer, Restaurant und Garten. ●●

■ **Villa Maria**
Corso Nuvolini 30
Tel. 01 84 53 14 22
www.villamariahotel.it
Modernisierte Adelsvilla, zentrums-
und meernah in ruhiger Seitenstraße,
mit Stilmöbeln, Garten und öffentli-
chem Meerwasserschwimmbad. ●●

Restaurants

■ **Paolo e Barbara**
Via Roma 47][Tel. 01 84 53 16 53
Gourmetrestaurant, in dem so ausge-
fallene Kreationen wie Seeigel mit
Wachteleiern und Lauch auf den Tisch
kommen. Mi/Do geschl. ●●●

**Echt
gut !**

■ **Bacchus**
Via Roma 65][Tel. 01 84 53 09 90
Gute kleine Gerichte und erlesene Wei-
ne in sachlich-modernem Ambiente.
So geschl. ●

■ **Le Cantine Sanremesi**
Via Palazzo 7][Tel. 01 84 57 20 63

Gemütlicher Weinkeller, einfache,
typische Gerichte. Mo geschl. ●

■ **Pasticceria San Romolo**
Via Carlo 6][Tel. 01 84 53 15 65
Freunde feiner Süßigkeiten sind hier
bestens aufgehoben. Verführerisch:
die »Baci di San Remo«. So-Nach-
mittag und Mo geschl. ●●

**Echt
gut !**

Nightlife

San Remos Nachtleben spielt sich
überwiegend an der Uferpromenade
beim Hafen ab. Die beliebte Diskothek
Ninfa Egeria ist San Remos einziger
Tanzklub (**Corso Matteotti 178**).

Shopping

San Remos Hauptgeschäftsstraßen
sind der **Corso Matteotti** und die **Via
Roma**. Hier und in den Nebenstraßen
kann man Mode, Schuhe und Feinkost
erstehen. Preisgünstiger kauft man auf
dem Wochenmarkt ein, der Di und Sa
vormittags um die **Markthalle Piazza
Eroi Sanremesi** stattfindet.

Aktivitäten

San Remo besitzt **Sandstrände** am
Lungomare Vittorio Emanuele und am
Corso Trento e Trieste, die gebührenpflichtig sind. Nur der Kiesstrand am
Lungomare delle Nazione ist frei zugänglich. Ausgedehnte Kieselstrände
hat Bordighera.

Ausflug nach
*Baiardo 7

Seine malerische Lage auf einem
Bergsporn (900 m) vor der Kulisse der Ligurischen Alpen ist nicht
der einzige Grund, warum sich
ein Ausflug nach Baiardo lohnt.

Blumenzucht an der westlichen Riviera

Dem französischen Schriftsteller Alphonse Karr (1808–1890) wird das Verdienst zugeschrieben, an der italienischen Riviera die Blumenzucht eingeführt zu haben. Als er wegen seiner satirisch-revolutionären Schriften aus Frankreich verbannt wurde und im damals italienischen Nizza im Exil lebte, widmete er sich intensiv dem Anbau von Rosen und Nelken, die er dann per Bahn nach Paris versandte. Der Erfolg war groß, und die ligurischen Bauern begannen, es ihm nachzutun.

Nicht dass die einheimischen Landwirte bis dahin untätig gewesen wären. Bereits im 7. Jh. hatten Benediktinermönche an der Riviera den Olivenanbau eingeführt, und seit dem 12. Jh. werden hier Apfelsinen, Zitronen und Mandarinen gezüchtet und angebaut, außerdem Zedern und Bergamotten für die Parfümindustrie.

Als um die Mitte des 19. Jhs. neue Kreuzungs- und Vermehrungstechniken für Nelken ersonnen wurden, war die Entwicklung einer Massenblumenzucht nicht mehr aufzuhalten. Groß angelegte Nelken-, Rosen- und Orchideenbeete verdrängten die alten Palmen- und Olivenhaine, die Zitruspflanzungen und Weinberge. Im Laufe der Zeit verwandelten sich die grünen Hügel zwischen San Remo und Bordighera in eine gläserne Gewächshauslandschaft. 10 000 Menschen arbeiten in der Blumenzucht. San Remo ist bis heute die unangefochtene Blumenmetropole.

Die **Initiative Bioliguria-Eco-Architettura** (siehe unten) hat sich zum Ziel gesetzt, das 900 m hoch gelegene ursprüngliche Bergdorf wieder in einen lebendigen Ort zu verwandeln, in dem es sich 365 Tage im Jahr gut wohnen, arbeiten und entspannt urlauben lässt. Die noch vorhandenen Außenmauern der romanischen Kirche **San Nicolò** erinnern an das tragische Erdbeben am 23. Februar 1887, als das Kirchendach während der Morgenmesse einstürzte und über 200 Menschen unter sich begrub. Bewegend wirkt inmitten dieser Mauerreste der mit barocken Putti geschmückte Antoniusaltar, an dem noch Messen zelebriert werden. Von der Aussichtsterrasse hinter der Kirche hat man den besten Blick auf die Seealpen.

Restaurant

Armonia
Via Roma 124][**Tel. 01 84 67 32 83**
Köstliche hausgemachte Pasta, **hervorragend sind z.B. die Borretsch-Tagliolini**, und raffiniert gewürzte Fleischgerichte – bei herrlicher Aussicht. ●●

*Bordighera ⑧

Ähnlich wie in San Remo besteht das noble Seebad Bordighera aus zwei getrennten Stadtteilen. Die historische Altstadt erstreckt sich über den Hügel Capo San Ampelio im Osten. Ihr Zentrum bildet die hübsche **Piazza del Popolo** mit der Pfarrkirche **S. Maria Maddalena**. Hier finden sich auch zahlreiche gute Restaurants und Trattorien.

Ganz anders dagegen ist die im 19. und 20. Jh. angelegte Gartenstadt, die sich westlich des Kaps ausbreitet. Ihre eleganten Villen, schattigen Parks und noblen Hotels umgibt noch ein Hauch Noblesse aus jenen glanzvollen Tagen, als der englische Adel hier residierte. Animiert durch den Roman »Doktor Antonio« von Giovanni Ruffini avancierte auch Bordighera Ende des 19. Jhs. zum beliebten Ferienort der Engländer. Unter ihnen befand sich der Pastor und Botaniker Clarence Bicknell, der das **Museo Bicknell** und eine viele Tausend Bände umfassende Bibliothek zur Ge-

---

*Baiardo – ein Dorf mit Zukunft

Das Konzept der **Initiative Bioliguria-EcoArchitettura** für Baiardo hat Modellcharakter. Es sieht vor, den historischen Ortskern zu erhalten, die Häuser werden restauriert und erhalten ihre ursprüngliche Identität zurück. Aus den vorhandenen historischen Strukturen entstehen 100 neue Wohneinheiten. Im Kern werden sie nach hochmodernen und ökologischen (Solar- und Biogas-Energie) Standards ausgerüstet sein, um junge Freiberufler und Familien anzulocken. Mit der Herstellung lokaler Produkte, Bio-Landwirtschaft, Campus für historische Berufe und sanften Tourismus-Projekten soll das Modelldorf sich in Zukunft selbst versorgen (Info zu Baiardo und der Initiative: www.bioliguria.com).

schichte und Archäologie gegründet hat (Via Romana 39, Mo–Fr 9–13 und 13.30–16.45 Uhr, Eintritt frei). Das **Municipio** (Rathaus) unterhalb der Spianata entwarf im 19. Jh. Charles Garnier, der Architekt der Pariser Oper.

Info

IAT-Büro
Via Vittorio Emanuele II
Tel. 01 84 26 23 22
infobordighera@rivieradeifiori.org

Hotels

■ Villa Elisa
Via Romana 70
Tel. 01 84 26 13 13
www.villaelisa.com
Belle-Époque-Villa mit modernem Komfort in einem Garten. ●●–●●●

■ Piccolo Lido
Lungomare Argentina 2
Tel. 01 84 26 12 97
www.hotelpiccololido.it
Komfortables Hotel direkt am Meer, schöne Sonnenterrasse auf dem Dach, Panoramarestaurant. ●●

■ Della Punta
Via Sant'Ampelio 27
Tel. 01 84 26 25 55
www.hoteldellapunta.it
Modernes Haus an der Strandpromenade, geräumige Zimmer mit Balkon und Meerblick. ●

Restaurants

■ La Via Romana
Via Romana 57
Tel. 01 84 26 66 81
www.laviaromana.it
Gourmet-Restaurant in Jugendstilambiente mit einem Michelin-Stern. Mi und Do mittags geschl. ●●●

■ Mimmo
Via Vittorio Emmanuele 302
Tel. 01 84 26 18 40
Klein und gemütlich, nur Fischgerichte. Mi geschl. ●●

■ A Tartana
Via Vittorio Emanuele 62
Tel. 01 84 26 13 92
Kleine Osteria, in der man köstliche Farinate (Fladen aus Kichererbsenmehl) bekommt, So geschl. ●

Shopping

Donnerstags bieten Bauern auf dem **Wochenmarkt** am **Lungomare Argentina** typische Produkte aus der Region wie Käse, Honig, Öl und Oliven an.

Ventimiglia 9

Nach Ventimiglia (26 000 Einwohner) kommen viele nur zum freitäglichen Wochenmarkt. Dabei bietet die lebhafte Stadt an der Grenze zu Frankreich einiges an Sehenswertem, so die Ausgrabungen der römischen Stadt Albintimilium und aus seiner späteren Blütezeit im Mittelalter den prächtigen Dom. An die glanzvollen Zeiten seiner Geschichte erinnert auch die Regata dei Sestieri, eine **Bootsregatta mit großem Umzug in historischen Kostümen** alljährlich am zweiten Augustsonntag.

Das römische Albintimilium

Wie das Ausgrabungsgelände am östlichen Rand der Neustadt bezeugt, hat hier vor 2000 Jahren eine blühende Römerstadt bestanden. Es ist zwar für Besucher nicht zugänglich, doch von der Via Aurelia, die hier Corso Genova heißt, kann man einen Blick auf das Theater werfen, das einst 5000 Zuschauer fasste. Die bedeutendsten archäologischen Funde sind im ***Civico Museo Archeologico Girolamo Rossi** in der Festung **Forte dell'Annunziata** (19. Jh.) hoch über der Altstadt ausgestellt (Di–Sa 9–12.30, 15 bis 17, So 10–12.30 Uhr, www.forte dellannunziata.it).

Die Altstadt

Die auf den ersten Blick etwas morbid wirkende Altstadt mit ihren hohen, engen und düsteren Häusern und der zum Trocknen aufgehängten Wäsche lässt eher an Süditalien denken als an die Riviera. Hier befinden sich jedoch die interessantesten Bauten wie der Dom ***Santa Maria Assunta**. Er gehört zu den schönsten romanischen Kirchen Liguriens. Wie die dazugehörige Taufkapelle, das achteckige **Baptisterium**, geht er auf das 11. Jh. zurück, wurde aber erst im 13. Jh. vollendet und im Laufe der Jahrhunderte immer wieder verändert.

Am Ende der Hauptachse Via Garibaldi steht die Familienkapelle der Grafen von Ventimiglia, **San Michele**, aus der Zeit um 1100. Ihr Weihwasserbecken entpuppt sich bei genauerem Hinsehen als römischer Meilenstein.

Info

IAT-Büro
Via Cavour 61][Tel. 01 84 35 11 83
infoventimiglia@rivieradeifiori.org

Hotel

Sole Mare
Passeggiata Marconi 22 a
Tel. 01 84 35 18 54
www.hotelsolemare.it
Außerhalb des Zentrums gelegen, bietet das Hotel moderne geräumige Zimmer mit Balkon und Meerblick. ●–●●

Restaurant

■ **Marco Polo**
Lungomare Cavallotti
Tel. 01 84 35 26 78
Gute Fischküche direkt über dem Strand. Mo geschl. ●–●●

■ Parallel zum Lungo Roia verläuft die **Via Roma**. Sie ist von Cafés und Bars gesäumt, die nach dem Marktbesuch zu einer Pause einladen. Bei Einheimischen beliebt ist das **Cavalieri**, **Via Roma 19**, eine Caffé-Bar mit schöner Terrasse und einer großen Auswahl an leckeren Snacks.

Shopping

In den Straßen der Neustadt rund um den kleinen Palmenpark an der Roia (Lungo Roia, Via Rossi, Via, Milite Ignoto, Via Vittorio Veneto) findet jeden Freitag von 8–17 Uhr der beliebte **Wochenmarkt von Ventimiglia** statt, der zu den größten Italiens gehört.

***Giardini Botanici Hanbury 10

Der prominente, seit 2006 zum UNESCO-Weltkulturerbe zählende, botanische Park wurde 1898 von Thomas Hanbury angelegt, einem britischen Kaufmann, der 1867 an die Riviera kam, um sich von einer Bronchitis zu erholen.

Er erwarb das von Bougainvilleen, Aleppokiefern, Oliven- und Zitrusbäumen bedeckte Kap Mortola samt Villa und begann mit der Anlage eines botanischen Gartens, in dem er exotische Pflanzen anbaute und akklimatisierte.

Auf dem 180 000 m² großen Hanggrundstück, das bis ans Meer abfällt, gedeihen heute mehr als 4000 Pflanzenarten quer durch alle Kontinente. Auf den 3 km langen Wegen sind mediterrane, subtropische und tropische Blüten- und Ziersträucher zu sehen, Palmen, Agaven, exotische Obstbäume, Bananen und Bambus, ein japanischer Garten und sogar australischer Buschwald. Der jahrzehntelang vernachlässigte Garten ist mittlerweile unter der Obhut und Verwaltung der Universität Genua größtenteils rekonstruiert worden. Ein kleines **Gartencafé mit herrlicher Aussicht**

Echt gut!

auf die Küste rundet den visuellen Genuss ab (16. Juni–15. Sept. tgl. 9.30–18, in der Nebensaison bis 17 bzw. 16 Uhr vom 16. Okt. bis 28. Febr., www.parks.it/giardini.botanici.hanbury).

Die Höhlen von *Balzi Rossi ⓫

In die früheste Besiedlungsphase Europas führen die Balzi-Rossi-Höhlen am Fuß der roten Kalkfelsen in Grimaldi, in unmittelbarer Nähe der italienisch-französischen Grenze. Unter der prominenten Leitung des Hobby-Archäologen Fürst Albert I. von Monaco wurden in der nach ihm benannten »Grotta del principe« schon vor 100 Jahren die Fossilreste eines Arcanthropus-Menschen *(Homo erectus)* entdeckt, der vor etwa 200 000 Jahren hier gelebt hat. Sehr viel jünger sind

Pflanzenpracht in den Giardini Botanici Hanbury

Beim Zitronenfest in Menton

drei Skelettfunde des altsteinzeitlichen Cro-Magnon-Menschens (15 000–30 000 Jahre) in der Barma-Grande-Höhle. Viele Funde sind in dem vor den Wohnhöhlen gelegenen ***Museo Preistorico dei Balzi Rossi** dokumentiert. Neben dem berühmten **Gigantengrab** der Cro-Magnon-Zeit sind auch zahlreiche Figurinen üppiger Muttergottheiten und die Darstellung eines Przewalski-Urpferds aus der Grotta del Caviglione ausgestellt (Di–So 9–19 Uhr).

Restaurants

■ **Balzi Rossi**
San Ludovico][**Via Balzi Rossi 2**
Tel. 0 18 43 81 32
www.ristorantebalziro ssi.com
Auch Gäste aus dem nahen Frankreich schätzen das exquisite Ambiente und die feine Küche dieses Gourmetlokals. Mo und Di mittags geschl. ●●●

Echt gut!

■ **Baia Beniamin**
Grimaldi Inferiore
Corso Europa 63][**Tel. 0 18 43 80 02**
www.baiabeniamin.it
Mediterrane Küche auf höchstem Niveau, romantisch im Saal oder auf der Terrasse am Meer serviert. Dazu fünf zauberhafte Zimmer. So abends und Mo geschl. ●●●

*Menton 12

316 Sonnentage im Jahr, ein gepflegter Strand, eine hübsche Altstadt mit schattigen Gässchen und dem Barockensemble der Kirchen San Michel (17. Jh) und La Concepcion (16. Jh.) sowie tropische Parks und Gärten – das macht Menton (Mentone) aus. Die selbsternannte Perle Frankreichs befindet sich schon jenseits der Grenze an der Côte d'Azur. Allerdings gleicht Menton auf den ers-

ten Blick sehr viel mehr einem der Bilderbuchorte an der ligurischen Küste. So richtig in Frankreich fühlt man sich erst in den Cafés an der Promenade du Soleil oder in den Straßen rund um das Spielcasino im Zentrum der langen Strandpromenade.

Der franko-italienische Mix hat seine Wurzeln in der Geschichte des Ortes, der seit dem Mittelalter abwechselnd mal nach Italien, mal zu Frankreich gehörte. Auch Menton zog seinerzeit Engländer und europäische Aristokraten in Scharen an. Von dem damals ausgelösten Bauboom sind noch einige prachtvolle Belle-Époque-Residenzen zu sehen. Hüben wie drüben kann man vor wunderschöner Kulisse baden, über elegante Palmenpromenaden bummeln und mediterrane Spezialitäten genießen. Und doch liegt ein etwas anderes Flair in der Luft, weltläufig, verfeinert, französisch eben. Wer wieder zurückkehrt an die italienische Küste, wird ihre mitunter kontrastreiche Ursprünglichkeit stärker empfinden und sie vielleicht umso mehr lieben.

Parks und Gärten

Menton ist eine Gartenstadt. Die schönsten Gärten liegen im Stadtteil Gàravan zwischen der Altstadt und der Grenze zu Italien; der **Jardin botanique exotique** mit zahlreichen tropischen Pflanzen (www.jardins-menton.fr, Mi–Mo 10–12.30, 15.30–18.30, im Winter 14–17 Uhr), der öffentliche Park **Le Pian** mit bis zu 1000 Jahre alten Olivenbäumen und der

*Jardin des Colombières, ein zauberhafter Park einer Privatvilla, der nur 40 Tage im Juli und August für angemeldete Besucher für eine Besichtigung geöffnet ist (Anmeldung: Tel. 04 92 10 97 10).

Musée Jean Cocteau

Eng verbunden mit Menton ist der Name des surrealistischen Dichters, Malers, und Regisseurs Jean Cocteau (1889–1963). Er richtete einige Räume seines Museums in der kleinen Festung (17. Jh.) am Hafen mit seinen Bildern, Zeichnungen und Fotografien ein (Mi–Mo 10–12 und 14 bis 18 Uhr). Im Rathaus Mentons schmückte er den Hochzeitssaal mit Fresken aus (Mairie de Menton, Place Ardoine, Mo bis Fr 8.30–12 und 14–17 Uhr).

Zitronenfest

Beim Zitronenfest *(La fête du citron)* im Februar/März verwandelt sich Menton in eine farbensprühende, im Samba-Rhythmus wogende Karnevalshochburg. Während der zwei Festwochen finden glanzvolle Paraden und Umzüge statt. Die mit Zitrusfrüchten geschmückten Wagen bewegen **meterhohe fantasievolle Figuren aus vornehmlich Orangen und Zitronen.** Die prächtigsten Exemplare werden im **Jardin Biovès** auf Blumenteppichen aufgestellt und abends illuminiert. Fantastisch sind auch die nächtlichen Umzüge *(corso nocturnes)* und die Feuerwerke über dem Meer. Infos: www.fete-ducitron.com

Info

Office du Tourisme
8, Avenue Boyer
Tel. (00 33) 04 92 41 76 76
www.menton.fr
Mo–Sa 8.30–12.30 und 14–19 Uhr,
So 9–12.30, im Sommer 9–19 Uhr

Hotels

■ **Royal Westminster**
Promenade du Soleil
Tel. (00 33) 04 93/28 69 69
www.vacancesbleues.fr
Komplett renovierter Belle-Époque-
Palast an der Strandpromenade im
Zentrum. ●●●

■ **Richilieu**
26, Avenue Partouneaux
Tel. (00 33) 04 93/35 74 71
www.richilieu-menton.com
Kleines ruhiges Hotel im Zentrum.
●●–●●●

■ **Beauregard Menton**
10, Rue Albert Ier
Tel. (00 33) 04 93 28 63 63
beauregard.menton@wanadoo.fr
Zentral gelegenes modernes Hotel mit
Garten und Terrasse. ●

Restaurants

■ **La Marina**
17, Promenade de la Mer
Tel. (00 33) 04 93 57 15 27
Meerblick und raffinierte proven-
zalische Gerichte mit Zitronen und
ligurischen Einflüssen, hervoragende
Weinauswahl. ●●

■ **Le Bistrot des Jardins**
14, Avenue de Boyer
Tel. (00 33) 04 93 28 28 09
www.lebistrotdesjardins.com
Preiswertes Restaurant im Herzen
der Stadt gelegen, mit Terrasse.
Le Bistrot bietet günstige Mittags-
menus. ●

Shopping

In den kleinen **Geschäften und
Läden rund um die Markthalle**
gegenüber der Festung findet man
hübsch für Geschenke und Mitbringsel
konfektionierte Spezialitäten aus
Menton und der Provence: Duftkissen,
Seifen, Lavendel- und Trockenblumen-
sträuße, köstliches aus Zitronen vom
Likör bis zur Konfitüre sowie französischen Wein.

In den Ligurischen Alpen

 **Taggia 🔢

Eines der schönsten Städtchen Liguriens ist ohne Frage Taggia,
3 km landeinwärts vom unschein-
baren Badeort Armia die Taggia
gelegen. Einer Überlieferung nach
sollen Benediktinermönche aus
dem Piemont im 7. Jh. die einheimische Bevölkerung nicht nur
zum rechten Glauben, sondern

auch zum Olivenanbau bekehrt
haben. Und es waren Oliven, Süd-
früchte, Mandeln und Feigen, die
der Stadt den Wohlstand brachten. Noch heute künden die Kirchen, die Adelspaläste und noblen
Portale vom einstigen Reichtum.
In der Via Curlo, Via Gastaldi, Via
San Dalmazzo und der Via Soleri
sind die eindrucksvollsten Paläste
zu sehen. An den reliefgeschmück-

Einst das führende Kunstzentrum Westliguriens: San Domenico in Taggia

ten Schieferportalen findet man biblische Symbole und Adelswappen; die napoleonischen Revolutionstruppen haben hier 1797 ihren Zorn gegen adelige Vorrechte ausgelassen. Über das breite Flussbett des Argentina-Baches, der in den Sommermonaten meist austrocknet, nach Regenfällen aber unvermittelt und heftig anschwellen kann, führt eine 260 m lange, mittelalterliche Brücke mit 16 Bögen. Jeden 3. So im Monat findet hier ein **Trödel- und Antikmarkt** statt (jeden 3. Sa im Monat in Arma di Taggia).

Madonna del Canneto

In der von Zypressen und Olivenbäumen beschirmten romanischen Kirche in der Oberstadt sind eine Krypta des 12. Jhs. und Fresken des 16. Jhs. von Giovanni und Luca Cambiaso sowie von Francesco Brea zu sehen, einem Neffen des berühmteren Ludovico Brea.

*Kloster San Domenico

Vor den Stadttoren liegt das Dominikanerkloster (15. Jh.), ein Muss für Kunstliebhaber! Es birgt bedeutende Werke von Ludovico Brea. Die Klosterkirche ist mit fünf kostbaren Altarbildern (um 1450–1523) des Meisters ausgestattet. Für die Dominikanermönche schuf er in der Zeit zwischen 1483 und 1513 mehrteilige Tafelbilder, die auf gotischem Goldgrund die Madonna der Barmherzigkeit, die hl. Catarina von Siena, die Taufe Christi und die Verkündigung darstellen. Vor

Spezialitäten in Molini di Triora

Brea hatte der Piemonteser Giovanni Canavesio schon das Altarbild des hl. Dominikus gemalt. Canavesio, Ludovico und Francesco Brea begegnet man auch im Kapitelsaal und im kleinen Museum, die auf Anfrage zugänglich sind (Mo–Sa 9.30–12, 15–17.30, im Sommer 16–18 Uhr).

Info
IAT-Büro
Via Boselli (Villa Boselli)
Arma di Taggia][**Tel. 0 18 44 37 33**
infoarmataggia@rivieradeifiori.org

Hotel
Svizzera
Via Lungomare 123
Arma di Taggia
Tel. 0 18 44 31 52][**www.sivizzera.it**
Direkt am Strand, fast alle Zimmer mit Meerblick, Halbpension obligatorisch. ●●

Restaurant
La Conchiglia
Via Lungomare 33][**Arma di Taggia**
Tel. 0 18 44 31 69

Charmantes Ambiente in einem alten Fischerhaus am Meer, ligurische Küche. Mi geschl. ●●—●●●

Molini di Triora ⓮

Der Ort Molini di Triora ist nach den 23 Mühlen (ital. *mulini*) benannt, die hier einst in Betrieb waren. Das verschlafene Dorf erwacht am ersten Sonntag im September zu unerwarteter Lebendigkeit, wenn Liebhaber von Weinbergschnecken zum Schneckenfest, der **Sagra della Lumaca**, hierher strömen. Außerdem eignet es sich gut als Ausgangspunkt für Wanderungen.

Ausflüge von Molini di Triora

Mit dem Auto erreicht man das weite Mattengelände der **Colla di Langan** (1127 m) und der **Colla Melosa** (1540 m), wo sich die Schutzhütte Franco Allavena befindet (Tel. 01 84 24 11 55, Dez. bis Okt.). Auf Höhlenforscher warten im **Pietravecchia-Toraggio-Massiv** zahllose Karsthöhlen, während Bergsteiger sich auf den **Sentiero degli Alpini** wagen können. Dieser in steile Kalkwände eingehauene Steig ist in den Jahren 1936–1938 als Nachschubweg für einen eventuellen Gebirgskrieg angelegt worden, der dann auch bald kam. Man sollte den »Alpinisteig« von der Colla Melosa aus nicht auf dem Hin- und Rückweg begehen, sondern sich die Umrundung des Monte Pietravecchia (2038 m) vornehmen, deren Höhepunkt der »Sentiero degli Alpini« darstellt. Es sind sechs Stunden Gehzeit durch eine reizvolle Gebirgswelt. Der Weg verlangt aber unbedingt Schwindelfreiheit und Trittsicherheit.

Shopping

■ **Bottega di Angela Maria**
Piazza Roma 26

Echt gut!

Hier gibt es **die lokalen Spezialitäten Berghonig, Hirtenkäse, Kichererbsen- und Maronenmehl** zu kaufen.

■ **Giordano in Badalucco**
Strada Poggio 23
Selbstgefertigte Pfeifen aus ligurischem Wurzelholz.

*Triora 🔢

Hexen, Aberglaube und Zauberkünste sind in Triora zu Hause. Als das Gebiet von Triora 1587 von einer Hungersnot heimgesucht wurde, suchte man nach einem Sündenbock – und man fand ihn in 200 Frauen, die der Hexerei bezichtigt wurden und in Genua vor Gericht kamen. Viele wurden gefoltert, 15 zum Tode verurteilt. Den »bàgiue«, wie die Hexen im hiesigen Dialekt heißen, widmet sich u. a. das **Museo Etnografico** (Alta Valle Argentina, Mo–Fr 14.30–18, Sa, So 10.30–12, 15–18.30 Uhr).

Triora ist ein beschauliches Dorf mit Portalen aus Schiefer und schwarzem Stein. Ziegel- und kopfsteingepflasterte Gassen führen durch ein Labyrinth von Häusern, deren Bewohner oft schon vor langer Zeit an die Küste gezo-

gen sind. Geblieben sind gerade noch 300 Einwohner. Zu sehen sind die Ruinen von fünf Festungen und Burgen, drei der ursprünglich sieben Stadttore und fast ein Dutzend Kirchen und Kapellen. Die romanisch-gotische, später aber umgebaute **Assunta-Pfarrkirche** bewahrt ein Gemälde von Luca Cambiaso und das von Taddeo di Bartolo aus Siena ausgeführte Tafelbild »Jesu Taufe« von 1397, angeblich das älteste Gemälde Westliguriens.

Info

IAT-Büro
Corso Italia 7][Tel. 0 18 49 44 77
www.comune.triora.im.it

Hotel

■ **Colomba d'Oro**
Corso Italia 66][Tel. 0 18 49 40 51
www.colombadoro.it
Freundliches Quartier in den Räumen eines alten Klosters, mit Restaurant. ●

■ **La Tana delle Volpi**
Largo Tamagni 3][Tel. 0 18 49 46 86
www.latanadellevolpi.it
Bed & Breakfast in einem restaurierten Turm im historischen Ortskern. ●

Ausflug zum Monte Saccarello 🔢

Wer gern wandert, sollte von Triora aus einen Abstecher ins Bergdorf **Verdeggia** (1092 m) unternehmen und von dort aus in einem gut dreistündigen Aufstieg den Monte Saccarello besteigen. Mit seinen 2200 m ist er der höchste Berg Liguriens. Seine Hänge sind im Sommer mit Alpenrosen und Ginsterbüschen übersät. Auf dem Gipfel wird man mit einer majestätischen Aussicht belohnt. Das in den beiden Weltkriegen angelegte dichte Wegenetz kommt heute den Wanderern zugute.

*Pigna 17

Der Ort war im Mittelalter im Tal angesiedelt, wurde dann aber aus strategischen Gründen auf den Hügel verlegt. Die Fassade der Pfarrkirche **San Michele** (1450) schmückt eine prächtige marmorne Fensterrose, die Premiere des lombardischen Baumeisters und Bildhauers Giovanni Gagini. Das mehrteilige Altarbild im Inneren, eine Darstellung des hl. Michael, ist ein reifes Werk des piemontesischen Malers Giovanni Canavesio (um 1500), der um 1482 auch die Friedhofskirche San Bernardino mit einem großartigen volkstümlich-naiven Freskenzyklus ausmalte.

Seit 1998 ist Pigna das bedeutendste ligurische **Thermalbad**. Die schon im Mittelalter genutzten schwefelhaltigen Quellen wurden neu erschlossen.

Info

www.comune.pigna.im.it

Hotel

Hotel Pigna Antiche Terme
Località Lago Pigo
Tel. 01 84 24 00 10
www.termedipigna.it

Stilvolles und komfortables Thermalhotel im Grünen mit vielen Wellness-Angeboten. ●●●

Restaurant

Terme
Ortsteil Madonna Assunta
Tel. 01 84 24 10 46
Zu den Spezialitäten des Hotelrestaurants gehören Tagliatelle mit Kaninchenfleisch und Lamm mit Kräutern.
Mi geschl. ●

*Apricale 18

Gotische Stadttore des 13. Jhs. führen in den Ort. Apricale zählt mit seinem malerischen Kirchplatz und den kopfsteingepflasterten (autofreien) Gassen zu den schönsten Dörfern Liguriens. Über mittelalterlichen Lauben erheben sich hier die im 19./20. Jh. wieder aufgebaute Pfarrkirche **Purificazione di Maria** und ihr gegenüber das **Oratorio di San Bartolomeo** mit Rokokostuckaturen.

An der Piazza steht auch der **Palazzo del Comune**, an dem wie im ganzen Ort zeitgenössische *murales* (Wandmalereien) das bäuerliche Leben und ligurische Landschaften darstellen. Außerhalb der ehemaligen Ringmauer trifft man auf die festungsartige, spätmittelalterliche Kirche **Santa Maria degli Angeli**, deren einschiffiger Innenraum ganz mit Freskenzyklen des 15. bis 18. Jhs. überzogen ist.

Info

www.apricale.org

Dolceaqua: Eine Steinbrücke verbindet die beiden Stadtteile

Hotel

La Favorita
Strada San Pietro 1
Tel. 01 84 20 81 86
www.lafavoritaapricale.com
Bergaufwärts kurz vor Apricale gelegenes kleines Hotel mit und gutem Restaurant. Di und Mi geschl. ●●

Restaurant

Da Delio
Piazza Vittorio Veneto 9
Tel. 01 84 20 80 08
www.ristoranteapricale.it
Lokale Küche raffiniert zubereitet. ●●

Dolceacqua 19

Die **Steinbrücke** faszinierte vor 100 Jahren schon den französischen Maler Claude Monet. Sie verbindet die zwei Ortsteile von Dolceacqua miteinander. Im mittelalterlichen Terra wird verständlich, wie die ligurischen Dörfer sich gegen Angriffe verteidigen konnten: Nur die Einheimischen kennen sich im labyrinthartigen Gassengewirr aus, dessen Schlüsselstellen bei Gefahr verriegelt werden konnten. Hoch über dem Ort ragt die **Ruine einer Doria-Burg** auf, in der im Sommer kulturelle Veranstaltungen stattfinden (Sa, So 10–18 Uhr, Juli/Aug. tgl.). Vor der barocken Pfarrkirche **Sant'Antonio** erinnert ein modernes Denkmal an Pier Vincenzo Mela, der im 18. Jh. entdeckte, wie man Pressrückstände der Oliven wiederverwenden und

Rossese di Dolceacqua

Ein guter Begleiter zu den mit Olivenöl zubereiteten einheimischen Gerichten ist der Rotwein Rossese di Dolceacqua, neben dem Cinque Terre und dem Colli di Luni der berühmteste DOC-Wein Liguriens. Er war schon der Lieblingswein von Napoleon. Diesen Spitzentropfen küfert in Dolceacqua Giobatta Mandino Cane (Via Roma 21, Tel. 01 84 20 61 20).

zu Öl verarbeiten konnte. Aus handverlesenen, kaltgepressten Früchten stammen die besten hier angebotenen Olivenöle.

Info

IAT-Büro
Via Barberis Colomba 3
Tel. 01 84 20 66 66
www.dolceacqua.it

Hotel

Kristina
Via Regina Margherita 24
Tel. 01 84 26 13 09
www.albergokristina.it
Einfaches Hotel mit kleinen, freundlichen Zimmern. ●

Airole 20

In den Gassen des mittelalterlichen Dorfes kann man in den Sommermonaten viel Niederländisch hören. Die Kulisse des steil über dem Roya-Tal ansteigenden Monte Abellio (1016 m) lockte viele Fremde, allen voran Holländer, in die Region. Sie kauften alte

Felszeichnungen im Tal der Wunder

Gebäude und restaurierten sie liebevoll. In Ariole leuchtet aus dem felsengrauen Häuserknäuel, das sich in konzentrischen Ringen zusammenschließt, die hellgelbe stuckverzierte Fassade der Pfarrkirche **Santi Filippo e Giacomo** (17. Jh.) auf. Über dem Ort erhebt sich die Kirche **Madonna delle Grazie** (1801) mit einer Marienfigur aus Holz.

Fanghetto 21

Der malerische Weiler, der zum Doppelort Olivetta San Michele gehört, liegt direkt an der französischen Grenze und scheint Lichtjahre vom mondänen Badebetrieb der Küste entfernt zu sein. Mit restaurierten Häusern, eingebettet in terrassierte Olivenhänge und Weingärten, bietet Fanghetto auch noch eine römische Brücke über die Roya als Fotomotiv.

Breil-sur-Roya 22

Jahrhundertelang erhoben abwechselnd französische und italienische Herrscher Anspruch auf das am linken französischen Roya-Ufer liegende Breil-sur-Roya (italienisch: Breglio und Roia). Wie Tende kam es erst 1947 zu Frankreich. Das gemäßigte Klima, die historische Bausubstanz mit Resten der alten Befestigungsmauern und die schöne Lage am kleinen Stausee machen den Ort zu einer beliebten Sommerfrische.

Info

www.breil-sur-roya.fr

Castel du Roy
146 Route de l'Aigara
Breil-sur-Roya
Tel. (00 33) 04 93 04 43 66
www.castelduroy.com
Angenehmes 18-Zimmer-Hotel mit
Restaurant und Pool, ruhig in einem
Park am Ufer der Roya gelegen. ●●

Notre-Dame-des-Fontaines 23

Die außen eher unscheinbare Kirche birgt in ihrem Innern mit den großartigen Fresken des piemontesischen Künstlers Giovanni Canavesio einen Kunstschatz, der im Alpenraum vielleicht einzigartig ist. Auf einer Fläche von mehr als 320 m^2 beeindrucken die Darstellungen vom »Leidensweg Christi« und dem »Jüngsten Gericht« sowie Szenen aus dem »Marienleben«. Die Zyklen wurden am 12. Oktober 1492 vollendet – am selben Tag, als Kolumbus Amerika entdeckte.

Vallée des Merveilles 24

Der 2872 m hohe Mont Bégo westlich von Saint-Dalmas-de-Tende gilt als heiliger Berg der ligurischen Ureinwohner. Im »Tal der Wunder«, dem Vallée des Merveilles, an seiner Südwestflanke sind in einem Höhenabschnitt von 1900–2700 m rund 35 000 Felszeichnungen entdeckt worden, die größtenteils aus der Bronzezeit (um 1800–1500 v Chr.) stammen. Sie stellen Waffen und pflügende Bauern dar, Hütten, Felder und geometrische Figuren sowie Horntiere, wahrscheinlich Symbole eines uralten Fruchtbarkeitskults. Sie sind erstmals im 19. Jh. vom englischen Botaniker und Pfarrer Clarence Bicknell ❭ S. 124 erschlossen worden, der hier von 1881 an fast zwölf Sommer in einem eigens erbauten Haus in Casterino am Nordwestfuß des Mont Bégo verbrachte. Das Gebiet der Felszeichnungen gehört seit 1979 zum französischen **Parc National du Mercantour.** Einige Gebiete sind nur in Begleitung von Führern zugänglich (Informationen unter www.parc-mercantour.com).

Vom Lac des Mesces (1375 m), den man von Saint-Dalmas-de-Tende mit dem Auto erreicht, sind es zu Fuß noch zweieinhalb Stunden bis ins Vallée des Merveilles (nur etwa Juni bis Mitte Okt. zugänglich). Der berühmteste Stein in diesem Tal der Wunder ist der Chef de Tribu, der Häuptling. Und der darf berührt werden, denn hier oben befindet sich eine Kopie, während die echte Felszeichnung mit vielen anderen im **Musée des merveilles** ❭ S. 138 in Tende sichergestellt worden ist.

Tende 25

Der spektakulär am Oberlauf der Roya gelegene alte Handelsort Tende (Tenda), ist wie die anderen Orte des oberen Roya-Tals erst seit 1947 französisch. Er wird von der Resten einer mittelalterlichen Burg überragt, von der nur noch der kreisrunde Uhrturm steht. Viele Häuser im Ortszentrum haben reliefgeschmückte Portale mit Inschriften des 15. und 16. Jhs. Besonders schön ist das Hauptportal des 1518 geweihten Doms **Notre-Dame de l'Assomption**. Die Themen Mariä Himmelfahrt, Mariä Verkündigung und Jesus mit den zwölf Aposteln haben Steinmetze aus Cenova in das grüngraue Serpentingestein eingemeißelt.

Das *Musée des merveilles zeigt einige bedeutende Felszeichnungen im Original (Avenue du 16 septembre 1947, www.museedesmerveilles.com, Mai–Mitte Okt. 10–18.30, Mitte Okt.–April 10–17 Uhr, Di geschl., außer Juli bis Sept., Eintritt frei).

Info

Office du Tourisme de Tende
Avenue du 16 septembre 1947
Tel. (00 33) 04 93 04 73 71
www.tendemerveilles.com

Hotels

■ **Le Prieuré St-Damas-de-Tende**
Rue de Jean Médecin
Tel. (00 33) 04 93 04 75 70
www.leprieure.org
Stilvoll möblierte Zimmer in einem ehemaligen Kloster zu Füßen des Nationalparks Mercantour. Mit Restaurant. ●●

■ **Le Mirval**
La Brigue
Rue Vincent Ferrier 3
Tel. (00 33) 04 93 04 63 17
www.lemirval.com
Komplett renoviertes Fin-de-siècle-Hotel, Ausflug ins Tal der Wunder inklusive. Geöffnet von April bis Oktober. ●●

■ **Les Tentes autour du monde**
Lieu dit Barun
Tende
Tel. (00 33) 06 81 15 22 44
www.lestentesautourdumonde.com
Kleine Zeltstadt am Nationalpark mit sechs Wohnzelten verschiedener Kulturen vom indianischen Tipi bis zur mongolischen Jurte (jeweils für 2–4 Personen). Für Naturliebhaber, absolut romantisch. ●—●●

Echt gut.

Bahnabenteuer mit der *Tendabahn

Die Fahrt mit der Tendabahn durch das Roya-Tal ist ein Abenteuer mit faszinierenden Ausblicken und nicht nur für Bahnfans ein tolles Erlebnis. Durch das zerklüftete Tal verläuft eine der spektakulärsten Bahnlinien der Alpen.

Die im Jahr 1928 nach 50 Jahren Bauzeit eingeweihte Strecke führt über unzählige Viadukte, Brücken und Tunnel von Ventimiglia nach Cuneo im Piemont, wobei sie Höhenunterschiede von insgesamt über 1000 m zu bewältigen hat und stellenweise nicht schneller als 10 km/h fahren kann. Ein zweiter Zweig verkehrt zwischen Nizza und Breil-sur-Roya, wo sich beide Linien treffen.

Die Züge fahren von Ventimiglia im Zwei-Stunden-Takt ab und halten an allen Stationen, die Fahrt bis zur Endstation Cuneo dauert rund 2 Stunden, bis Tende etwas mehr als eine Stunde (http://infrosch.info/t/te/tendabahn.html).

Infos von A–Z

Ärztliche Versorgung

Die Europäische Krankenkarte berechtigt gesetzlich Versicherte zum Arzt-, Zahnarzt- und Klinikbesuch, zu beantragen bei Ihrer Krankenkasse (www.dvka.de). Übersicht über deutschsprachige Ärzte in Ligurien: www.urlaubsortarzt.de/aerzte/Italien-Ligurien.htm.

Diplomatische Vertretungen

■ **Deutsches Honorarkonsulat in Ligurien:** Ponte Morosini 41/1, 16126 Genova, Tel. 01 02 71 59 69, Fax 01 02 71 59 66
■ **Österreichisches Honorarkonsulat in Ligurien:** Via Assarotti 5, 16122 Genova, Tel./Fax 01 08 39 39 83
■ **Schweizer Generalkonsulat in Ligurien:** Piazza Brignole 3/6, 16122 Genova, Tel. 0 10 54 54 11, Fax 0 10 54 54 12 40

Einreise

Es genügt ein gültiger Personalausweis oder Pass bzw. Kinderreisepass.

Eintritte

🛈 EU-Bürger unter 18 Jahren und über 65 Jahren erhalten in staatlichen Museen gegen Vorlage des Ausweises freien Eintritt.

Feiertage

1. Januar: Neujahr
6. Januar: Dreikönig
März/April: Ostersonntag und -montag
25. April: Nationalfeiertag
1. Mai: Tag der Arbeit
2. Juni: Tag der nationalen Einheit
15. August: Mariä Himmelfahrt
1. November: Allerheiligen
8. Dezember: Mariä Empfängnis
25. und 26. Dezember: Weihnachten

Geld

Währungseinheit ist der Euro (€). Mit PIN-Nummer kann man an EC-Geldautomaten *(bancomat)* bis zu 250 €/Tag abheben.

EC- und gängige Kreditkarten werden fast überall in guten Hotels und Geschäften akzeptiert.

Haustiere

Hunde und Katzen benötigen einen vom Tierarzt ausgestellten Europäischen Heimtierpass mit Hinweis auf eine gültige Tollwut-Impfung.

Information

Außerhalb Italiens: staatliches Fremdenverkehrsamt ENIT (www.enit.it) mit Büros in:
■ D-10117 **Berlin**, Friedrichstr. 187, Tel. 0 30/2 47 83 98
■ D-60311 **Frankfurt/Main**, Neue Mainzer Str. 26, Tel. 0 69/23 74 34
■ D-80333 **München**, Lenbachplatz 2, Tel. 0 89/53 13 17
■ A-1010 **Wien**, Kärntner Ring 4, Tel. 01/50 51 67 39
■ CH-8001 **Zürich**, Uraniastr. 32, Tel. 0 43/4 66 40 40

In Ligurien:
Agenzia regionale per la Liguria, Piazza Matteotti 9, I-16123 Genova, Tel. 01 05 30 82 01, www.turismoinliguria.it. Direkt in den Orten gibt es die touristischen Informationsbüros APT, IAT oder Pro Loco.

Notruf

■ Allgemeiner Notruf: Tel. 113
■ Carabinieri: Tel. 112
■ Feuerwehr: Tel. 115
■ Pannenhilfe: Tel. 116
■ Ärztlicher Notdienst: Tel. 118

Internet

Internet-Cafés gibt es in allen Touristenzentren. Viele Hotels haben WLAN-Hotspots.

Öffnungszeiten

■ **Geschäfte**, **Apotheken** und **Supermärkte** haben gewöhnlich Mo–Sa 9–12.30 und 15/16–19.30 Uhr geöffnet. In vielen Orten bleiben die Läden Mo vormittags geschlossen.

■ **Banken** sind in der Regel Mo–Fr 8.30–13.30 Uhr und eine Stunde am Nachmittag geöffnet.

■ Öffnungszeiten in **Museen und öffentlichen Parks** sind unterschiedlich, Museen haben meist Mo geschlossen.

■ **Kirchen** sind zu Besichtigungen oft 8–12 Uhr offen, manchmal auch nachmittags ab 15–18 Uhr, nicht bei Gottesdiensten.

Quittungspflicht

!! Bestehen Sie auf einer Quittung in Restaurants, Hotels, auf Campingplätzen und in Werkstätten und bewahren Sie diese auf, auch die Kassenbelege von Läden und Cafés *(scontrino)*. Ohne Quittung riskiert man eine Geldstrafe bei Kontrollen der Finanzpolizei.

Sicherheit

Weder übermäßige Angst noch Sorglosigkeit sind angebracht. Grundsätzlich gilt: Bargeld und Wertsachen im Hotelsafe deponieren, keine Wertsachen im Auto lassen, auch nicht im Kofferraum!

An stark frequentierten Touristenplätzen (besonders im Hafenviertel von Genua), auf Märkten und Veranstaltungen achte man auf Handtaschen und Fotoapparat.

Telefonieren

!! Es ist immer die volle Ortsvorwahl – also mit Null am Anfang – zu wählen, sowohl bei Anrufen aus dem Ausland, als auch bei Innerortsgesprächen. Für Auslandsgespräche von öffentlichen Fernsprechern benötigt man eine Telefonkarte *(scheda telefonica)*, die man in »tabacchi« (Tabakgeschäften), oft auch in Raststätten und Bars erwerben kann.

Telefonauskunft: 12,
für ausländische Rufnummern: 176.

Vorwahl-Nummern

■ **Italien:** 00 39
plus Ortsvorwahl mit 0
■ **Deutschland von Italien:** 00 49
■ **Österreich:** 00 43
■ **Schweiz:** 00 41

Trinkgeld

in Restaurants üblich: 5–10 % des Rechnungsbetrags. Für alle persönlichen Dienstleistungen wird ein kleines Trinkgeld erwartet, also auch beim Friseur, im Hotel etc.

Zoll

Seit dem Schengener Abkommen gibt es für EU-Bürger fast keine Zollkontrollen mehr. Folgende Höchstmengen sind aber einzuhalten: 800 Zigaretten, 200 Zigarren, 1 kg Tabak, 10 l Spirituosen, 90 l Wein und 110 l Bier, Waren bis 300 € (Flugreisende: 430 €).

Schweizer Bürger können Geschenke bis zum Wert von 300 € mitbringen, zusätzlich sind erlaubt: 200 Zigaretten, 1 l Spirituosen und 4 l Wein.

Urlaubskasse	
Tasse Espresso	1,30 €
Softdrink	2,50 €
Flasche Wein im Lokal	ab 8 €
Belegtes Brötchen	2,50 €
Kugel Eiskrem	1,00 €
Museumseintritt	2–8 €
Taxifahrt (pro km) ab	1,20 €

Register

Bildnachweis

Alamy/G P Bowater: 136; Alamy/CuboImages srl: 84, 123, 127; Alamy/imagebroker: 119; Alamy/Robert Harding Picture Library Ltd: U2-Top12-9; Alamy/Marco Scataglini: 121; APA Publications/Mark Read: U2-Top12-2, U2-Top12-4, 2-3, 12, 28, 30, 51, 53, 61, 66, 83, 98, 102, 114, 135; Udo Bernhart: 117; Bildagentur Huber/Bernhart: U2-Top12-10, 106, 132; Bildagentur Huber/M. Carassale: U2-Top12-11; Bildagentur Huber/Gräfenhain: 6, 128; Bildagentur Huber/Baviera Guido: 35; Bildagentur Huber/Johanna Huber: U2-Top12-12, 69, 131; Bildagentur Huber/Kaos02: 57; Bildagentur Huber/Ripani Massimo: U2-Top12-1, 40, 51, 97, 108; Bildagentur Huber/Fantuz Olimpio: 72; Bildagentur Huber/G. Simeone: 59; Bildagentur Huber/Nagy Zoltan: 33; Bildarchiv Steffens/W. Allgöwer: U2-Top12-5, 10; f1online.de/Tips images: 42; Fotolia.com/paolo maria airenti: 2-2; Fotolia.com/Roberto de Micheli: 1; Fotolia.com/Pavlos Rekas: 34; Fotolia.com/Hannes Strasser: 27; Fotolia.com/Sternstunden: 2-1; Ralf Freyer: 5; Gerold Jung: 17; laif/Frieder Blickle: 38; laif/Celentano: 20, 22, 24, 26, 39, 64; laif/Eid: 95; laif/hemis: 63; laif/Standl: 101; LOOK-foto/Rainer Martini: 31, 52; LOOK-foto/Ingolf Pompe: 79, 87; LOOK-foto/TerraVista: U2-Top12-8, 92; Daniele Messina: 19; parcobeigua.it: U2-Top12-7; Pixelio/Jens Bredehorn: U2-Top12-03, 66; Hanna Wagner: 54, 70, 77; wikipedia/aloa: 65; wikipedia/Davide Papalini: 105; wikipedia/Sailko: U2-Top12-6; Ernst Wrba: 47.

Polyglott im Internet: www.polyglott.de

Impressum

Wir freuen uns, dass Sie sich für einen Reiseführer aus dem Polyglott-Programm entschieden haben. Auch wenn alle Informationen aus zuverlässigen Quellen stammen und sorgfältig geprüft sind, lassen sich Fehler nie ganz ausschließen. Wir bitten um Verständnis, dass der Verlag dafür keine Haftung übernehmen kann. Ihre Hinweise und Anregungen sind uns wichtig und helfen uns, die Reiseführer ständig weiter zu verbessern. Bitte schreiben Sie uns:

GVG TRAVEL MEDIA GmbH, ein Unternehmen der GANSKE VERLAGSGRUPPE
Redaktion Polyglott, Harvestehuder Weg 41, 20149 Hamburg, redaktion@polyglott.de

Wir wünschen Ihnen eine gelungene Reise!

Bei Interesse an Anzeigen:
b.biersack@bayerwaldmedia.de, Tel. 09971 / 996 98-0

Herausgeber: GVG TRAVEL MEDIA GmbH
Redaktionsleitung: Grit Müller
Autoren: Wolftraud de Concini und Eva Ambros
Neukonzeption: Eva Ambros
Redaktion: Buch und Gestaltung / Heide Ilka Weber
Bildredaktion: Polyglott und Buch und Gestaltung / Britta Dieterle
Layout: Ute Weber, Geretsried
Titeldesign-Konzept: Studio Schübel Werbeagentur GmbH, München
Karten und Pläne: Kartographie Huber
Satz: Buch und Gestaltung / Britta Dieterle
Druck: Himmer AG, Augsburg
Bindung: »Butterfly«-Bindeverfahren durch Kolibri Industrielle Buchbinderei
geschützt durch Gebrauchsmusteranmeldung Nr. 20 2008 013 299.1

© 2011 by GVG TRAVEL MEDIA GmbH, Hamburg
Printed in Germany
Dieses Buch wurde auf chlorfrei gebleichtem Papier gedruckt.
ISBN 978-3-493-55758-9

Langenscheidt Mini-Dolmetscher Italienisch

Allgemeines

Guten Tag.	Buongiorno. [buond**seho**rno]
Hallo!	Ciao! [**tscha**o]
Wie geht's?	Come sta? [**kome** sta]
Danke, gut.	Bene, grazie. [**bäne grazj**e]
Ich heiße ...	Mi chiamo ... [mi **kja**mo]
Auf Wiedersehen.	Arrivederci. [arri**weder**tschi]
Morgen	mattina [ma**ttina**]
Nachmittag	pomeriggio [pomerid**seho**]
Abend	sera [**ße**ra]
Nacht	notte [**notte**]
morgen	domani [do**mani**]
heute	oggi [od**sehi**]
gestern	ieri [**jä**ri]
Sprechen Sie Deutsch?	Parla tedesco? [**pa**rla te**desk**o]
Wie bitte?	Come, prego? [**kome prä**go]
Ich verstehe nicht.	Non capisco. [non ka**pisk**o]
Sagen Sie es bitte nochmals.	Lo può ripetere, per favore. [lo puo ri**päte**re per fa**wore**]
..., bitte.	..., per favore. [per fa**wore**]
danke	grazie [**grazj**e]
Keine Ursache.	Prego. [**prä**go]
was / wer / welcher	che / chi / quale [ke / ki / **kua**le]
wo / wohin	dove [**dowe**]
wie / wie viel	come / quanto [**kome** / **kuan**to]
wann / wie lange	quando / quanto tempo [**kuan**do / **kuan**to **täm**po]
warum	perché [**perke**]
Wie heißt das?	Come si chiama? [**kome** ßi **kja**ma]
Wo ist ...?	Dov'è ...? [do**wä**]
Können Sie mir helfen?	Mi può aiutare? [mi **puo** aju**tare**]
ja	sì [**ßi**]
nein	no [**no**]
Entschuldigen Sie.	Scusi. [**sku**si]
Das macht nichts.	Non fa niente. [non fa n**jänte**]

Sightseeing

Gibt es hier eine Touristeninformation?	C'è un ufficio di turismo qui? [**tschä** un u**ffitscho** di **turismo** kui]
Haben Sie einen Stadtplan / ein Hotelverzeichnis?	Ha una pianta della città / un annuario alberghi? [a **una pjanta della** t**schitta** / un annu**arjo** al**bärgi**]
Wann ist ... geöffnet?	A che ora è aperto (m.) / aperta (w.) ...? [a **ke ora** ä a**pärto** / a**pärta**]
geschlossen	chiuso (m.) / chiusa (w.) [**kju**so / **kju**sa]
das Museum	il museo (m.) [il **museo**]
die Kirche	la chiesa (w.) [la **kjäsa**]
die Ausstellung	l'esposizione (w.) [lesposi**zjone**]
Wegen Restaurierung geschlossen.	In restauro. [in re**stauro**]

Shopping

Wo gibt es ...?	Dove posso trovare ...? [**dowe posso** tro**ware**]
Wie viel kostet das?	Quanto costa? [**kuanto kosta**]
Das ist zu teuer.	È troppo caro. [ä **troppo karo**]
Das gefällt mir (nicht).	(Non) mi piace. [(non) mi p**jatsche**]
Gibt es das in einer anderen Farbe / Größe?	Ce l'ha anche di un altro colore / un'altra taglia? [tsche la **angke** di un **altro** ko**lore** / un **altra talja**]
Ich nehme es.	Lo prendo. [lo **prändo**]
Wo ist eine Bank?	Dov'è una banca? [do**wä** una **bangka**]
Ich suche einen Geldautomaten.	Dove posso trovare un bancomat? [**dowe posso** tro**ware** un bang**komat**]
Geben Sie mir 100 g Käse / zwei Kilo Pfirsiche	Mi dia un etto di formaggio / due chili di pesche. [mi **dia** un **ätto** di formad**seho** / **due kili** di **päske**]
Haben Sie deutsche Zeitungen?	Ha giornali tedeschi? [a d**sehorna**li te**deski**]
Wo kann ich telefonieren / eine Telefonkarte kaufen?	Dove posso telefonare / comprare una scheda telefonica? [**dowe posso** telefo**nare** / kom**prare** una **skeda** telefo**nika**]

Notfälle

Ich brauche einen Arzt / Zahnarzt.	Ho bisogno di un medico / dentista. [o bi**sonjo** di un **mädiko** / den**tista**]